당신의 뇌를
바꿔드립니다

내 머릿속 방해 요소를 없애주는 브레인 루틴

당신의 뇌를 바꿔드립니다

초판 1쇄 인쇄 2021년 3월 25일
초판 1쇄 발행 2021년 4월 2일

지은이 강은영

발행인 백유미 조영석

발행처 (주)라온아시아
주소 서울특별시 서초구 효령로 34길 4, 프린스효령빌딩 5F

등록 2016년 7월 5일 제 2016-000141호
전화 070-7600-8230   **팩스** 070-4754-2473

값 14,500원
ISBN 979-11-91283-31-0 (13190)

라온북은 독자 여러분의 소중한 원고를 기다리고 있습니다. (raonbook@raonasia.co.kr)

당신의 뇌를 바꿔드립니다

내 머릿속 방해 요소를 없애주는 브레인 루틴　　　강은영 지음

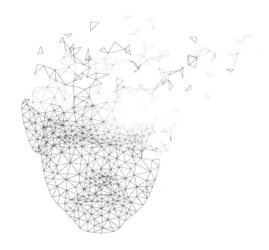

RAON
BOOK

과거의 나와 비교하고 현재의 나를 사랑하며 미래의 나와 경쟁하자

나의 하루와 좋은 습관들

나는 매일 새벽 4시에 일어난다. 스트레칭과 브레인 명상을 30분 간 한 후에 하루 일정을 시간순으로 정리한 후 30분간 책을 읽고 3~4시간 정도 글을 쓴다. 그리고 집안일과 운동을 하고 SNS 글쓰기, 홍보 활동 등을 한다. 날씨가 따뜻할 때는 오전에 맨발로 흙길을 걷고, 날이 추울 때는 한낮에 공원에 가서 맨발걷기를 한다. 새벽 시간 다음으로 좋아하는 나만의 시간이다.

4개월 전부터는 일요일마다 스마트폰을 완전히 꺼두고 비움과 정리정돈을 실천하고 있다. 또 부자 되기로 마음먹고 신용카드를 없앴고 생활비를 반으로 줄이고 정해진 예산 안에서만 지출한다.

그 외에도 여러 가지 좋은 습관들이 있지만 힘들게 억지로 얻어 낸 것은 단 하나도 없다. 하다못해 습관을 만들어야겠다는 생각조차 없었다. 그저 내가 원하는 것을 이루기 위해 나의 뇌를 믿고 뇌를 잘 활용하여 루틴으로 만드니 빠른 시간 안에 좋은 성과를 얻을 수 있었다. 1년이 채 안 되어 두 권의 책을 썼고 습관 만들기 온라인 프로젝트와 각종 프로그램을 성황리에 진행 중이며 40대 중반의 나이에 선명한 복근이 드러나는 바디 프로필을 찍었다. 자산도 점점 불어나고 있다. 내가 생각해도 짧은 시간 안에 이런 성과가 나왔다는 것이 잘 믿기지 않는다.

루틴의 시작

불과 1년 전까지만 해도 나는 평일에 8시쯤 겨우 일어나 아이들을 등교시키고 주말이나 아이들 방학 때는 10~11시까지 늦잠을 잤다. 미래에 대한 비전이나 꿈은 잊은 채 하루하루를 살아갔다. 특히 11년 전 둘째를 조산하고 아이가 장애 판정을 받은 후부터 내 세상은 철저하게 아이 중심으로 돌아갔다. 아이의 재활치료와 교육에 열심히 매달렸지만, 나는 점점 빛을 잃어만 갔다. 그 어느 때보다도 치열하게 살았지만 끝이 보이지 않고 견디기 힘들어 내 인생에서 가장 불행한 시기였다. 아이에게 최선을 다해 살기를 십여 년, 이제는 어느 정도 되었다고 판단한 나는 더 늦기 전에 원하는 일들을 하며 행복하게 살아보고 싶었다.

누구든 생각만 해도 설레는 일을 매일 할 때 행복을 느낀다. 나에게는 바로 책 쓰기와 새벽 기상이 그것이다. 하루하루가 모이면 한 사람의 인생이 된다. 아무런 기대와 설렘 없이 무의미하게 하루를 보내면 1년 뒤, 5년 뒤, 10년 뒤에도 같은 모습으로 살게 되고 더 악화될지도 모른다. 나는 치열하게 바빴지만 아무 성과가 없는 삶을 바꾸기로 마음먹고 오랜 꿈인 작가가 되기로 결심했다.

책쓰기는 도미노 효과처럼 나의 일상을 완전히 바꿨다. 그리고 일 년이 넘도록 매일 생활습관을 지키고 있다. 이 글을 읽고 있는 당신도 지금과 다른 삶을 살고 싶다면, 변화를 원한다면 먼저 당신의 일상부터 바꿔야 한다. 매일 반복되는 똑같은 일상을 변화시키는 가장 효과적인 방법은 좋은 습관을 만들고 나쁜 습관을 없애는 것이다.

브레인 루틴

〈뉴욕타임스〉 기자인 찰스 두히그는 저서 《습관의 힘》에서 하나만 바뀌어도 모든 것이 저절로 바뀌는 핵심 습관 다섯 가지로 '운동, 정리정돈, 재테크, 독서, 새벽 기상'을 제시했다. 나는 놀라울 정도로 이 다섯 가지 핵심 습관을 모두 가지고 있다. 누군가 알려준 것이 아니라 그동안 하고 싶었던 것들을 하나씩 실천하다 보니 좋은 습관들이 생겨난 것이다. 만약 일부러 마음먹고 했다면 단 몇 개월도 유지하기 힘들었을 것이고 짧은 시간 안에 좋은 결과가 나오지도 않았을 것이다.

습관과 매일 반복되는 일상은 우리의 삶을 예상 가능하게 하고 안정적으로 만든다. 하지만 브레인 루틴은 안정적인 삶에서 그치지 않고 변화와 성장하는 삶을 표방한다.

브레인 루틴이란, 자신의 뇌를 믿으며 뇌의 작동원리를 이해하고 적용하여 일상 속에서 만들어낸 습관을 의미한다. 일반적인 습관 만들기와 브레인 루틴의 차이점은 브레인 루틴을 하면 같은 노력을 하더라도 뇌를 잘 활용해서 보다 쉽게 좋은 성과를 낸다는 점이다. 뇌를 잘 활용하기 위해서는 먼저 뇌의 특성과 작동원리에 대한 이해를 기반으로 자신의 두뇌가 어떤 유형이며 유형별 강점과 약점은 무엇인지 알아야 한다.

뇌의 작동원리는 1장에서 다루고, 두뇌 유형과 검사는 2장에서 다룬다. 3장에 나오는 각 유형별 성공 전략에 따라 매일 실행하면 누구나 쉽게 습관을 만들 수 있다. 4장에서는 항상 작심삼일로 끝나는 일들을 브레인 루틴을 이용해 성공시키는 방법을 다룬다. 마지막으로 5장에서는 이 모든 것들을 가능하게 하는 뇌활용 기법인 브레인 명상을 다룬다. '브레인 명상'이란 생각과 감정의 정보를 비워내고 활기찬 생명 에너지를 충전해 높은 의식에 이르도록 하는 명상이다. 일반적인 명상과 차이점은 '뇌'를 인식하고 뇌를 통해 의식을 바꾸는 데 있다.

이 책의 생활 속 브레인 루틴은 나를 비롯하여 '똑녀똑남 프로젝트(똑똑하고 여유 있게, 똑똑하고 남다르게 습관 만들기)'에 참여한 사람들이 직접 해보고 크게 성공한 방법이다. 열심히 불행하게 사는 대신 여유 있고 행복하게 살기 위해 일상 속에서 뇌를 활용한 일련의 규칙적인 습관을 정해놓고 매일 실천했다.

돌이켜보면 브레인 루틴을 실행하고 나서 오히려 더 열심히 살았던 것 같다. 생활은 이전보다 훨씬 여유로워졌고 정신적·육체적으로도 편안했으며 눈에 보이는 성과들이 있었기에 무척 보람이 있었다. 무엇보다도 오늘 당장 죽는다고 해도 아쉽거나 후회스러운 일이 없다고 말할 수 있을 만큼 매일 충만하고 행복한 삶을 살게 됐다는 사실이다.

내가 직접 경험해봤기에 이 브레인 루틴을 더 많은 사람에게 알리고 싶었다. 세상에 좋은 습관을 만드는 책과 성공을 위한 비법을 담은 책이 무수히 많이 있지만, 나처럼 평범한 사람도 크게 힘들이지 않고 자신의 뇌를 인식하고 잘 활용하면 원하는 성과 이상을 낼 수 있다는 것을 알리고 싶다. 책 곳곳에서 다른 참가자들의 감동적인 스토리도 접할 수 있다.

행복한 라이프스타일의 비밀

코로나 사태가 바꾼 것은 방향이 아니라 속도라고 하지만, 요즘에는 인생만큼은 속도가 아니라 방향이라는 말이 크게 와닿는다. 급변하는 경쟁사회에서 해야 할 일은 해내면서 여유 있게 사는 방법과 나아가 좀 더 발전하는 삶의 방식은 어떤 것일까 생각해보지 않을 수 없다. 즐겁게 자신이 원하는 것들을 하면서 그 속에서 나와 타인의 성장까지 도울 수 있는 행복한 라이프스타일 말이다. 이책은 그 물음에서부터 출발한다.

모든 문제의 답은 뇌 속에 있다고 확신하는 나는 이 문제의 답도 뇌 속에 있다고 생각한다. 긴장된 상태에서 열심히 많은 것들을 하면 뇌의 관점에서 보더라도 매우 비효율적이다. 뇌는 우리 몸에서 가장 복잡한 기관이지만 단순하고 명쾌한 것을 좋아한다. 멀티태스킹이 가능해 보이지만, 사실 뇌에서는 아주 짧은 시간에 한 가지씩 일을 처리한다. 한번 뇌에 자리잡힌 회로는 쉽게 바뀌지 않는다. 즉 단순 명쾌한 습관이 강력하게 뇌회로로 잡히면 내가 의지를 내지 않아도 저절로 행해진다. 뇌는 새로운 일을 할 때 강한 저항과 거부감을 보이기 때문에 긴장과 스트레스보다는 편안하고 즐거운 상태일수록 뇌혈류량이 많아져 생산성이 높아진다.

이 외에도 뇌의 다양한 특성과 작동원리를 이용하여 뇌를 주체적으로 사용하는 방법을 알고 매일 실천하면 원하는 습관을 만들 수 있다. 이때 자신의 두뇌 유형을 파악하고 그에 맞는 방식으로 한다면 훨씬 쉽고 확실하게 루틴을 만들 수 있다. 내가 원하는 바 대로 삶을 변화시킬 수 있는 가장 빠르고 확실한 방법인 브레인 루틴을 그 답으로 제시한다. 브레인 루틴을 하면 똑똑하고 여유 있게, 남다르게 일을 해낼 수 있다.

이 책에서는 두뇌가 일상생활이나 문제를 해결할 때 어떤 부분을 우선적으로 사용하느냐에 따라 네 가지 두뇌 유형으로 나눈다. 검사지로 테스트를 한 후에 이성좌뇌형, 감성좌뇌형, 이성우뇌형, 감성우뇌형의 특성과 유형별 사례, 유형별 성공 전략을 참고하길 바란다.

우리가 성격 유형 테스트를 통해 자신의 성격을 명확하게 이해할 수 있듯이 두뇌 유형을 파악하면 자신에 대해 잘 알 수 있고 거기에 맞게 두뇌를 활용할 수 있다. 즉 자신의 두뇌 유형에 맞는 브레인 루틴을 만들어 실천하면 누구나 풍족하고 행복한 인생의 주인공이 될 수 있다.

브레인 루틴을 할 때 주의할 점

마지막으로 브레인 루틴을 할 때 두 가지 주의해야 할 점이 있다. 첫째, 루틴을 만드는 자체가 목적이 되어서는 안 된다. 자신이 원하는 일과 하고자 하는 일에 습관이 좋은 수단이 되도록 하자. 처음 시작할 때부터 자신의 꿈과 비전, 최종 목적 등 큰 그림을 그리고 가야 한다. 그렇지 않고 단순히 좋은 습관을 얻기 위해 한다면 작심삼일을 넘어서기 힘들고 지속하기 어렵다.

둘째, 과거의 나와 비교하고 현재의 나를 사랑하며 미래의 나와 경쟁하자. 예전에 나는 타인과 비교하고 경쟁하느라 스트레스를 받고 스스로 많이 다치기도 했다. 하지만 브레인 루틴을 하면서부터는 다른 누구도 아닌 미래의 나와 경쟁했다. 내가 원하는 모습을 이룬 미래의 나를 떠올리며 스스로 칭찬하고 격려하면서 현재의 두려움, 불안, 귀찮음, 편안함의 욕구 등을 쉽게 이겨낼 수 있었다. 타인이 아닌 나 자신과 비교하고 경쟁하면 루틴을 만드는 길고 고된 과정이 즐겁고 행복하기만 하다.

당신도 이제 무조건 열심히 하는 것 말고 똑똑하게 해내는 브레인 루틴을 통해 크고 작은 성과를 얻고 여유와 행복을 만끽하는 삶을 살 수 있기를 간절히 바란다. 오늘부터 매일 조금씩 내 안에 숨겨진 보석을 캐내어 닦아보자. 내일의 나는 오늘보다 더 반짝반짝 빛날 테니까. 온 마음을 다해 삶의 주인공이 될 당신을 응원한다.

강은영

차 례

1

뇌 메커니즘을
활용한
루틴 만들기

2

**나의
두뇌 유형
알아보기**

3

두뇌 유형별
루틴 만들기

4

작심삼일을
이기는 법

5

뇌의 잠재력을 키우는 브레인 명상

1장

뇌 메커니즘을
활용한 루틴 만들기

Brain
Routine

올해목표도
작심삼일

작심삼일의 뇌과학

매년 1월 1일이 되면 전국의 헬스클럽은 신규 회원들로 넘쳐난다. 새해를 맞아 운동이나 다이어트를 결심하고 이번에야말로 성공하고 말겠다는 강한 의지를 보인다. 하지만 일주일이 지나고 한 달이 채 가기 전에 대부분은 자취를 감춘다. 새해의 또 다른 단골 목표 중 하나는 금연이다. 지인 중에도 새해가 될 때마다 담배를 끊겠다고 선언하는 사람이 있는데 며칠 못 가서 실패하고 만다. 그 외에도 새벽 기상, 독서, 외국어 공부 등 야심에 찬 새해의 다짐들이 새해의 설렘과 함께 시작되었다가 얼마 못 가 사라진다. 연말쯤 되면 작년과 다를 바 없이 살고 있는 자신을 발견한다. '아 올해도 나의 결심은 이대로 끝나고 말 것인가!' 슬픈 예감은 틀린 적이 없다고 왜 새해 목표와 계획들은 번번이 실패하는 것일까?

'작심삼일'이라는 말이 있다. 결심한 마음이 사흘을 가지 못하고 느슨하게 풀어진다는 뜻이다. 요즘은 결심이 3일이라도 가면 다행이라고 할 정도로 모든 것이 쉽고 빠르게 흘러가는 세상이다. 점점 빨라지는 인터넷 속도와 당일 택배 배송을 비롯하여, 집 앞에만 나가도 편의시설들이 즐비해 있으니 갈수록 사람들의 끈기와 인내심은 약해지고 쉽게 편안해지려고 한다. 이러다가는 머지않아 작심삼일이 칭찬의 말이 될 수도 있을 것 같다.

작심삼일은 이미 뇌과학적으로 밝혀진 사실이다. 정신과 의사인 이시형 박사의 저서 《공부하는 독종이 살아남는다》에는 부신피질방어 호르몬 이야기가 나온다. 아무리 하기 싫은 일을 하더라도 3일 동안 부신피질방어 호르몬이 분비되어 참을 수 있다. 그런데 이 호르몬은 3일이 지나면 딱 멈춰버린다. 그나마 강한 의지력이 있다면 더 지속할 수 있을 것이다. 하지만 보통 사람이 하기 싫거나 힘든 일을 3일 이후에도 계속하기 위해서는 무언가가 더 필요하다. 혹자는 작심삼일이라면 3일마다 마음을 먹으면 된다고 말하기도 한다. 3일마다 계속해서 결심하고 마음을 다스리는 일 역시 지속적으로 실천하는 것 못지않게 힘들다. 과연 목표와 계획을 세우고 끊임없이 실천하며 습관을 만드는 일은 의지가 약한 사람에게는 불가능한 것일까?

두뇌 메커니즘

흔히들 의지가 강한 사람이 새로운 습관을 잘 만들고 유지할 수 있다고 생각한다. 물론 의지가 강하면 실천력과 끝까지 해내는 힘도 상당할 것이다. 하지만 의지가 약한 사람도 자신의 두뇌 유형을 이해하고 두뇌 메커니즘을 잘 활용하면 얼마든지 좋은 습관을 만들고 나쁜 습관은 없앨 수 있다.

두뇌 메커니즘이란 두뇌의 작동원리와 구조를 일컫는 말로, 뇌과학과 신경과학 분야에서 두뇌 메커니즘을 다루고 있다. 복잡하고 어려운 수학 문제를 풀 때 공식이 필요한 것처럼 두뇌 메커니즘을 알고 활용하면 삶의 어려운 문제들을 해결할 수 있다. 1장에서 다루는 두뇌 메커니즘은 지금까지 밝혀진 것으로 우리가 습관을 만들고 유지할 때 반드시 알아야 할 사항들이다.

무의식적인 습관

2006년 듀크 대학교의 논문에 따르면, 우리가 매일 행하는 행동의 40%가 의사결정의 결과가 아닌 습관 때문이라고 한다. 아침에 일어나 밥을 먹고 양치를 하고 씻고 옷을 갈아입고 잠자리에 드는 등 매일 하는 행동 중 40%가 무의식중에 반복적으로 일어난다. 인간은 60%의 의식적인 행동과 40%의 무의식적인 행동을 한다는 것이다. 그래서 습관에 관한 베스트셀러인 《습관의 힘》과 《나는 오늘부터 달라지기로 결심했다》에서는 무의식적인 행동의 변화를 강조했다.

세계적인 동기부여 전문가인 브라이언 트레이시는 80개 국가의 논문과 책을 수천 권 연구한 결과물인《백만불짜리 습관》에서 우리가 생각하고 느끼고 행동하고 성취하는 것의 95%가 무의식적인 습관의 결과라고 했다. 성공하는 사람은 성공의 습관을 가지고 있고 실패하는 사람은 실패의 습관을 가지고 있다. 성공 습관은 어렵게 형성되지만 삶에 도움이 된다. 실패 습관은 쉽게 형성되지만 삶에 방해가 된다. 그는 한 사람의 모든 현실과 미래는 그 자신에게 달려 있다면서 현재의 삶은 당신의 선택과 결정, 행동의 총체적 결과라고 이야기한다. 따라서 누구나 행동을 바꿈으로써 자신의 미래를 바꿀 수 있다는 이야기다.

무의식의 영역을 숫자로 정확하게 표현하기는 어렵지만, 나는 40%보다는 95%에 가깝다고 본다. 뇌의 능력을 개발하고 활용하는 뇌교육 전문가로서 그만큼 무의식에 잠재되어 아직 발현되지 않은 능력을 중요하게 여긴다. 뇌교육은 뇌과학, 생리학, 심리학 등 뇌에 관한 제반 지식을 융합하여 건강과 행복, 평화를 실현하는 학문이다. 우리가 뇌를 활용해 원하는 것을 실현하기 위해서는 의식적인 변화와 더불어 무의식적인 습관의 변화가 중요하다.

새해 다짐들이 실패하는 세 가지 이유

새해 다짐들이 실패하는 데는 여러 이유가 있겠지만 내가 생각하는 이유는 크게 세 가지다.

첫째, 자신에게 맞는 목표와 계획이 아니다. 새로운 습관을 만들거나 기존의 습관을 버리기 위해서는 나에게 맞는 전략과 전술이 필요하다. 지금까지 해왔던 방식이나 남들이 하는 대로 따라 한다면 실패할 확률이 높다. 2장에서 두뇌 유형에 대해 실펴보겠지만, 나의 사고와 행동 패턴에 맞는 방법이어야 성공할 확률이 높다. 남들이 성공했다고 추천하는 방식을 무턱대고 따라 했다가는 실패 경험만 쌓을 뿐이다.

둘째, 작심삼일의 1차 위기를 극복하지 못했기 때문이다. 뇌과학상 우리가 무언가를 시작하고 나서 3일 정도 지나면 위기가 오는데 이 1차 위기를 잘 이겨내야 루틴으로 만들 수 있다. 우리 뇌에는 변화하려는 속성과 변화를 회피하려는 속성이 동시에 있다. 그래서 새로운 습관을 만들기 위해 변화를 시도하면 뇌에서 회피 반응이 일어난다. 초기에 오는 이 1차 위기를 어떻게 이겨내느냐에 따라 승패가 갈린다. 이를 극복하지 못하는 사람은 새해의 큰 결심이 어김없이 작심삼일로 끝나서 실패하고 만다. 그리고 나서 '그럼 그렇지, 내가 뭘 한다고, 난 원래 의지가 약해, 난 끈기가 없어'라며 포기해버린다.

셋째, 무의식에 입력하지 않았기 때문이다. 앞서 실펴보았듯이 우리 행동에서 무의식이 차지하는 비중은 매우 크다. 특히 매일 반복되는 루틴을 매 순간 의식해서 한다면 뇌의 에너지 소모가 너무 커서 오랫동안 지속하기 힘들다. 일정 기간 의식적으로 노력해서 무의식에 확실하게 입력시켜야 별다른 노력과 의지 없이도 저절로 행할 수 있게 된다.

작심삼일 이겨내기

나는 주위 사람들로부터 의지가 강하다는 이야기를 종종 듣는다. 한때는 그렇게 착각하기도 했지만 나는 원래 의지가 약한 사람이다. 뭐든 쉽게 시작하지만 금방 싫증을 느끼거나 끝을 잘 맺지 못한다. 그러다 보니 뭔가를 시작하면 지속하지 못하고 하다만 경우가 많다. 그런 내가 짧은 시간 안에 좋은 습관들을 만들어낸 것은 브레인 루틴 덕분이다. 뇌의 작동원리를 이용해 나의 두뇌 유형에 맞는 방법으로 루틴을 만들어 실천했더니 크게 힘들거나 열심히 노력하지 않아도 원하는 일들을 할 수 있게 되었다.

그동안 수도 없이 작심삼일을 못 넘기고 실패했던 사람도 브레인 루틴을 이용한다면 충분히 해낼 수 있다. 뇌는 신체 중에 가장 복잡한 기관이지만 의외로 단순해서 누구나 원리만 알면 잘 사용할 수 있다. 대부분의 사람들이 뇌를 인식하고 사용한다는 생각 자체를 못하지 않은가. 뇌를 알고 제대로 사용하는 일은 생각보다 훨씬 즐겁고 재미있다.

우리가 밥을 먹거나 걷고 옷을 갈아입는 등의 동작이 무의식적인 행동을 할 때는 크게 힘들이지 않고 자연스럽게 행해진다. 어떤 습관이든지 무의식적인 행동처럼 자연스럽게 행해지도록 만들 수 있다. 뇌의 메커니즘을 이해하고 작심삼일의 위기를 극복해서 무의식에 새겨넣으면 가능하다.

시작이 반이라고 무엇이든지 변화에 성공하려면 그 시작이 중요하다. 의지가 약하건 끈기가 없건 상관없이 뇌만 조금 다르게 써도 작심삼일의 위기를 쉽게 이겨낼 수 있다. 변화를 회피하려는 뇌의 성질을 역으로 이용하는 것이다. 변화라고 생각하면 크게 에너지를 쏟아야 하기 때문에 나도 모르게 두려움부터 생기기 마련이다. 초기에 오는 회피 반응이 무엇이며 어떻게 하면 이를 줄일 수 있는지는 바로 다음 '뇌 속의 고속도로' 편에서 자세히 살펴보기로 한다.

뇌 속의
고속도로

습관과 뇌회로

앞이 뻥 뚫린 고속도로를 운전해본 적이 있는가? 신호가 많고 길이 여러 갈래로 복잡하게 얽힌 시내와는 달리 쉽고 편안하게 운전할 수 있다. 우선 신호가 없기에 신경 쓸 것이 줄어들고 정체된 경우를 제외하고는 계속 앞으로 나아가기만 하면 된다. 고속도로에서 가끔 생각에 빠져 있다가 정신이 번쩍 들 때면 어떻게 운전했는지 전혀 기억이 나지 않아서 놀랄 때가 있다. 그만큼 편안하게 무의식적으로 운전했다는 의미일 것이다.

우리는 일상의 많은 것들을 무의식적으로 행하고 있다. 의식하지 않아도 숨을 쉬고 심장이 뛰는 등의 생명활동은 물론이고 젓가락으로 밥을 먹고 옷을 갈아입거나 씻는 등의 행동은 한번 익히고 나면 자연스럽게 할 수 있다. 뇌 속에 회로가 만들어졌기 때문에 큰 힘을 들이지 않아도 저절로 행해지는 것이다. 새로운 습관도 마찬가지다. 일단 뇌에 회로를 만들고 지속적으로 반복하여 강력하게 만들면 쉽고 편안하게 할 수 있다. 게다가 그 회로를 고속도로처럼 크고 굵게 만들면 평생 없어지지 않을 좋은 습관이 자리하게 된다.

새로운 습관을 만들기 위해서는 초기에 의식과 행동의 변화가 반드시 필요하다. 사람의 생각이나 행동이 변하는 것은 결국 뇌가 변화하는 것이고, 이는 뇌 신경망의 변화를 의미한다. 뇌의 신경망은 천억 개의 세포와 백조 개 이상의 시냅스(신경세포) 연결망으로 이루어져 있다. 뇌는 외부에서 들어온 정보를 이 신경 네트워크를 통해 처리하는데, 시간이 흐를수록 정보가 축적되고 패턴화되면서 굵은 신경망들이 생성된다. 뇌 속에 자리한 고속도로와 같은 굵은 신경망들은 익숙한 습관이자 고정관념이다.

뇌의 이중적인 속성을 이용해 새로운 뇌회로 만들기

새로운 뇌회로는 어떻게 만들어야 할까? 뇌는 변화하려는 속성과 변화를 회피하는 속성이 동시에 있다. 뇌가 신경가소성이라고 불리는 변화의 속성만 가지고 있다면 새로운 뇌회로를 만들기가 훨씬 수월하겠지만, 변화를 회피하는 성질 때문에 어려운 것이다. 신경가소성은 '뇌를 바꾸면 변화가 시작된다' 편에서 자세히 살펴보기로 한다. 변화하는 속성을 이용해 변화하려면 변화의 목표가 명확해야 한다. 그렇지 않으면 뇌가 방향을 잡지 못하고 주춤거린다. 우리가 모르는 길을 갈 때 내비게이션에 목적지를 입력해야 제대로 갈 수 있는 것처럼 뇌 역시 뚜렷하고 명확한 목표가 있을 때 그곳을 향해 나아갈 수 있다.

변화를 회피하려는 속성은 크게 두 가지 이유 때문이다.

첫째, 우리의 뇌는 무언가를 바꿔야 한다는 정보가 들어오면 '지금 상태가 잘못됐다'는 오류로 받아들이고 두려운 감정을 일으키게 된다. 그래서 굶는 다이어트나 무작정 금연하는 것처럼 뇌에 큰 저항을 주는 방식은 대부분 실패한다. 변화를 회피하려는 속성을 이용해 변화에 성공하려면 지금 상태가 잘못됐다는 접근보다 '새로운 균형을 찾자'는 방식이 더 효과적이다. 뇌가 오류 신호로 받아들이지 않아야 두려움에 따른 회피 반응이 줄어들기 때문이다. 회피 반응이 크면 초기에 저항을 이기지 못하고 작심삼일로 그치고 말 것이다. 예를 들어 새벽 기상을 할 때 '늦게 자는 건 건강에 해로우니 일찍 자야지'라고 생각하면 지금의 내 상태를 잘못된 것으로 받아들여 시작부터 두려움을 느낀다. 대신 '새벽에 할 일이 있으니 일찍 일어나자', '새벽에 일어나면 어떤 느낌인지 궁금한데?' 등으로 접근해야 초기 저항이 줄어든다. 금연할 때는 '몸에 나쁜 담배를 끊자'가 아니라 '나는 담배 피우기가 싫어졌어. 담배 연기 냄새 맡기가 괴로워'라고 한다면 성공할 확률이 높아진다. 실제로 남편이 오래전에 시도해서 성공한 방법이기도 하다.

둘째, 뇌는 정보처리를 할 때 에너지를 최소화함으로써 변화하지 않으려는 속성이 있다. 힘을 들여 새로운 회로를 만들기보다는 에너지 소모가 적은 이전의 회로를 사용하려고 한다. 따라서 새벽 기상을 하려고 갑자기 무리해서 기상 시간을 2~3시간씩 당기면 뇌의 에너지 소모가 커져서 다시 이전의 습관대로 돌아가려고 한다. 아직 확실한 회로기 생기지 않았기 때문에 힘이 없는 것이다. 에너지를 최소화하려는 습성을 이겨내기 위해서는 기상 시간과 취침 시간을 조금씩 당기면 된다. 뇌가 변화라고 알아차리지 못할 만큼 단계별로 작은 변화를 주는 방법이다.

이렇게 변화를 회피하려는 속성을 이용해서 초기의 저항을 이겨내고 작심삼일의 고비를 잘 넘기면 새로운 뇌회로에 힘이 생기면서 이전의 회로는 서서히 약화되고 변화가 일어나게 된다. 처음에 의지를 내는 것이 어렵지 사소한 생활습관이라도 바꾸는 데 성공한다면 곧 탄력이 붙고 다른 회로에도 영향을 미쳐 더 큰 변화로 이어질 수 있다.

뇌 속에 고속도로를 뚫자

뇌의 이중적인 속성으로 인해 우리는 쉽게 변화에 성공하지 못하고 새로운 습관을 만들거나 나쁜 습관을 없애려면 무척 힘이 든다. 따라서 이 속성들을 잘 이용해야 원하는 목적을 쉽게 달성할 수 있다. 결과적으로 새로운 뇌회로를 만들려면 목표를 명확하게 설정하고, 뇌의 저항을 줄여 에너지를 최소화할 수 있는 작은 습관부터 만들어야 한다. 그 작은 습관들을 꾸준히 이어가서 고속도로처럼 크고 강한 뇌회로를 만들면 된다.

지금껏 우리가 변화하지 못하고 작심삼일에 실패한 것은 의지나 실천력이 약해서가 아니라 뇌에 새로운 회로를 강하게 만들지 못했기 때문이다. 뇌의 메커니즘을 활용해 루틴을 만들어 반복해서 실천하면 우리 뇌 속에 고속도로와 같은 신경망들이 생성된다. 그러면 크게 힘들이지 않고 편안하고 자연스럽게 좋은 습관을 만들 수 있게 된다.

이제 자문해보자. 지금 당신의 뇌 속에는 어떤 고속도로가 뚫려 있는가?

세 살 버릇
여든까지 간다

무의식에 박힌 오래된 습관

어릴 적 둘째 언니에게는 손톱을 입으로 물어뜯는 버릇이 있었다. 그래서 손톱 모양이 볼품이 없었고 언니는 손톱깎이로 손톱을 손질한 적이 거의 없었다. 이 버릇은 성인이 된 후에도 여전하여 언니는 그 흔한 네일아트를 한 번도 받지 못했다. 많은 여성들이 기분 전환과 스트레스 해소의 방편으로 네일아트를 하고 있는데, 아마도 언니는 버릇 때문에 앞으로도 네일아트는커녕 손톱에 매니큐어조차 바르지 못할 것 같다.

'세 살 버릇 여든까지 간다'라는 속담이 있다. 어릴 때 몸에 밴 버릇은 나이 들어서도 고치기 힘드니 나쁜 습관을 들이지 않도록 조심하라는 뜻이다. 안타깝게도 우리 뇌는 좋은 습관과 나쁜 습관을 구별하지 못한다. 그만큼 한번 들인 습관은 고치기 어렵다는 의미다. 손톱 물어뜯는 버릇을 40대가 된 지금도 못 고친 언니의 사례에서 보듯이 어릴 때 형성된 습관을 어른이 되어서도 가지고 있는 경우를 주변에서 쉽게 볼 수 있다. 사람은 잘 바뀌지 않는다는 것이다. 따라서 이왕이면 좋은 습관을 들이고 나쁜 습관은 되도록 빨리 고쳐야 한다.

언어 습관

어릴 적에 형성된 오래된 습관들은 무의식에 강력하게 자리잡아 한 사람의 삶의 방식에 막대한 영향을 미친다. 비단 행동뿐만이 아니라 말하는 것도 습관이다. 부정적인 언어를 많이 쓰는 습관이 있는 사람은 생각과 행동도 부정적일 확률이 높다. 뇌는 외부로부터 오는 자극은 여과하고 구별하지만 자신이 말한 언어를 거르지 못하고 그대로 받아들이기 때문이다. 즉 반복적으로 "나는 못 해", "안 돼", "그건 도저히 불가능해", "나는 운이 없어"라고 부정적인 말을 하는 사람은 그 말이 잠재의식 속에 깊이 박혀버린다. 잠재의식에 뿌리박히면 어지간한 의지와 노력으로는 바꾸기 힘들고, 그것이 나의 의식이 되어 행동, 언어 등으로 나타나고 내 주변에서 일어나는 일들을 결정짓는다. 매사에 부정적이고 툴툴거리며 불만을 말하는 사람에게는 좋은 일이 잘 생기지 않는다. 반면에 부정적인 생각이 들었을 때 재빨리 "가능해", "나는 할 수 있어", "잘될 거야", "나는 운이 좋아"라고 말하는 사람은 언제든 긍정의 힘을 발휘하여 원하는 결과를 이끌어낼 수 있다. 뇌의 잠재력이 발현되는 것이다.

우리는 평소 내가 어떤 말들을 쓰는지 미처 의식하지 않고 사용하는데, 언어 습관은 한 사람의 인생을 결정한다고 할 만큼 중요하다. 일본 최고의 화술 전문가인 사토 도미오는 저서 《당신의 꿈을 이루어주는 미래일기》에서 행복한 인생을 위해서는 긍정적 언어를 좀 더 의식적으로 선택해서 사용하는 습관이 중요하다고 했다. 평소에 무의식적으로 사용하는 언어가 인생 전체를 결정할 수 있다는 것을 하루 빨리 깨달아야 한다. 부자나 성공한 사람에게는 긍정적인 언어 습관이 있다.

감정 습관

감정을 느끼거나 표현하는 것도 습관적으로 작용한다. 정신의학과 전문의 박용철의 저서 《감정은 습관이다》에 따르면, 슬픔, 기쁨, 화, 분노, 우울, 행복 등의 감정을 느끼거나 표현하는 것도 습관적으로 작용한다. 일정 기간 익숙했던 감정은 뇌 속에 표준으로 자리를 잡는다. 오랜 기간 불안하게 지낸 사람은 불안이 표준 감정으로 자리를 잡고, 매사에 행복하고 감사할 줄 아는 사람은 행복과 감사함이 표준 감정으로 자리잡는다. 매 순간 여러 감정이 나타나지만 뇌는 표준으로 잡아놓은 감정을 선호하고 거기에 집중한다. 다이어트를 하면 요요가 오듯이 감정도 역시 어떤 사건으로 변화되었다가도 평소에 익숙해진 표준 감정으로 돌아오게 된다. 따라서 평소에 감정을 느끼고 표현하는 습관을 통해 어떤 감정을 나의 표준 감정으로 자리잡게 할 것인지가 중요하다.

뇌는 습관이 되어 익숙해진 감정을 더 확대하고 강화시킨다. 만약 불안이라는 감정에 습관이 들어 있으면, 뇌는 불안을 일으키는 일에 더 신경을 쓰고, 안 좋은 일이 생겼을 때 실제보다 훨씬 큰 걱정과 불안을 느낀다. 반대로 행복이란 감정에 습관이 들어 있으면 평소에 기분을 좋게 하는 일에 더 관심을 두며, 좋은 일이 생겼을 때 더 큰 행복을 느낄 수 있다. 같은 상황에서도 평소의 감정 습관에 따라 어떤 사람은 긍정적으로 받아들이고, 어떤 사람은 부정적으로 받아들여 불안해하고 두려워한다. 뇌는 좋은 감정만 선호하는 것이 아니라 자신에게 익숙한 감정을 선호하고 그 감정을 느낄 때 안심한다.

감정을 표현하는 것도 역시 습관이다. 화를 내는 방식을 비롯해 우울이나 스트레스를 참고 삭이거나 해소하는 방식도 평소에 내가 해오던 습관대로 하기 마련이다. 뇌는 감정을 느끼는 것과 마찬가지로 표현하는 것도 확대하고 강화한다. 조그마한 화도 참지 못하는 사람은 툭하면 화를 내고 별것 아닌 일에도 화를 내기 때문에 화난 감정이 점점 커져 주체할 수 없는 화로 표출되기도 한다.

34

새로운 뇌회로를 강화하면 습관이 바뀐다

무의식적인 습관을 고치기가 힘들다면 어떻게 습관을 들이고 고쳐야 할까? 사소하다고 여겨서 지나칠 수 있는 것들도 길게 보면 습관으로 작용하여 삶에 큰 영향을 끼치게 된다. 운동, 독서, 금주, 금연, 규칙적인 생활 등 많은 노력을 필요로 하는 것들뿐만 아니라 평소에 말하고 감정을 느끼며 표현하고 다스리는 것 등 우리가 미처 습관이라고 인식하지 못했던 것들노 의식적으로 바꿀 필요가 있다.

버릇이나 습관을 고치기 힘든 만큼 사람은 쉽게 바뀌지 않지만, 앞서 살펴보았듯이 뇌회로를 바꾸면 습관을 없애거나 바꾸는 것도 가능하다. 대신 오래될수록 무의식에 깊게 박혀 있기 때문에 하루라도 빨리 시작하는 것이 중요하다. 나쁜 습관은 새로운 습관을 만들어서 고칠 수 있다. 새로운 뇌회로를 만들어 강화하다 보면 기존의 뇌회로는 힘이 약해진다. 새로운 도로를 만들어서 기존의 낡은 도로는 이용하지 않고 새로운 도로를 계속 이용하는 것과 같다.

새 도로만 이용하다 보면 어느 순간 당신의 뇌에 고속도로처럼 크고 넓은 길이 뚫릴 것이다. 적당한 시간과 노력을 들이면 오래전에 생긴 나쁜 습관도 얼마든지 좋은 습관으로 바꿀 수 있다는 이야기다.

뇌를 바꾸면
변화가 시작된다

평생 변화하고 발전하는 뇌

어느 날 내 삶이 끝난다고 하면 가장 후회되는 것은 무엇일까? 사람마다 다르겠지만 아마도 평소에 하지 못했던 것들일 것이다. 늘 마음에만 품고 있다가 사랑한다는 말을 가족에게 못한 것, 여행을 많이 다니지 못한 것, 사랑하는 사람들과 함께하지 못한 것 등을 후회할 것이다. 실제로 임사 체험을 한 사람들은 대부분 죽기 전에 자신이 못다 이룬 꿈이나 거창한 목표들이 아니라 사랑하는 사람이나 소소한 것들을 떠올린다고 한다. 일상에서 쉽게 할 수 있으나 미처 하지 못한 것들이 대부분이다. 인생을 마감할 때 그동안의 삶을 되돌아보며 자신이 하지 못했던 것에 대한 후회로 사람이 갑자기 변화하는 것은 충분히 가능한 일이다.

그러나 자신의 삶이 언제 끝날지 아는 사람은 거의 없다. 죽었다 살아난 사람이 과연 몇이나 될까? 그만큼 우리 삶에는 극적으로 변화할 계기가 거의 없기 때문에 대부분은 오랜 습관 속에 파묻혀 별다른 변화 없는 삶을 살아간다. 그래서 이전과 전혀 다른 말이나 행동을 하며 크게 변화한 사람을 두고 우스갯소리로 '죽을 때가 되었나 보다'라고 하는 것이다.

우리 인생은 큰 변화 없이 흘러갈지라도 뇌는 평생 변화하고 발전한다고 알려져 있다. 태어날 때 350g에 불과한 뇌가 12세가 되면 3~4배로 무게가 증가하고 15세 정도에는 성인과 비슷해진다. 이후 20세 정도까지 뇌가 발달하는데 발달이 완성된 뇌라도 계속해서 발전할 수 있으며 이를 신경가소성(neuroplasticity)이라고 한다.

신경가소성

신경가소성이란 플라스틱이 열을 받으면 성질이 변한다는 의미에서 따온 용어로, 뇌가 경험이나 자극, 환경에 의해 변화한다는 뜻이다. 이는 신경계에서 일어나는 변화를 의미하며 뇌의 구조와 기능이 변하는 모든 과정을 일컫는다.

과학 작가이자 신경생물학자인 모헤브 코스탄디의 《신경가소성》에 따르면, 뇌는 환경에 반응하고 적응하도록 진화했기 때문에 신경가소성은 신경 조직의 내재적인 속성이자 유전에서 행동까지 모든 차원의 단계에서 일어난다. 그러나 복잡하고 다양한 메커니즘으로 인해 아직까지 신경과학자들은 이 용어를 명확히 정의하지 못하고 이론으로 정립시키지도 못했다. 어쨌든 우리가 놓치지 말아야 할 것은 뇌는 고정불변의 것이 아니며 평생 변화하고 발전시킬 수 있다는 사실이다.

과거에는 신경가소성이 주로 어린 시절에 나타난다고 여겼으나 최근 연구에서는 생애 전반에 걸쳐 지속되며 인생의 후반부에도 나타나는 것으로 밝혀졌다. 나이와 무관하게 제2외국어를 배우는 사람에게 그렇지 않은 사람보다 뇌에서 더 많은 뉴런과 연결점들이 발견된 것이다. 이 외에도 운동이나 다이어트, 악기 배우기 등의 라이프스타일은 치매를 예방하는 것으로 알려져 있다. 100세 시대를 맞이한 우리가 평생 새로운 것에 도전하고 배우는 것을 게을리하지 말아야 할 이유다. 그렇다면 새롭게 도전하고 배우기 위해서 가장 먼저 해야 할 일은 무엇일까?

변화하기 위해서는 나의 뇌를 바꾸면 된다. 그런데 뇌를 바꾼다는 것이 가능한 일일까?

뇌를 바꾸려면 몸을 먼저 바꾸자

뇌는 생물학적 기관인 동시에 신체 기관 중 유일하게 정신을 담는 기관이다. 다른 기관을 바꾼다면 장기이식 등의 물리적인 변화를 의미할 것이다. 하지만 뇌를 바꾼다는 것은 장기이식과 같은 물리적인 교체가 아니라 뇌 속에 있는 정신의 변화를 뜻한다. 정신(情神)은 육체나 사물과 대비되는 영혼이나 마음, 사물을 느끼고 생각하며 판단하는 능력 및 마음의 자세나 태도다. 즉 뇌의 변화는 마음과 의식의 변화라고 할 수 있다. 원하는 변화를 끌어내기 위해서는 나의 현재 의식 상태보다 더 힘이 있는 긍정적인 방향으로 나아가면 된다.

우리의 마음과 의식을 당장 변화시키기란 쉽지 않다. 마음먹은 대로 되지 않는 게 삶일진대 마음을 달리 먹고 쉽게 변화할 수 있다면 치열하게 고민하고 노력할 필요도 없을 것이다. 따라서 뇌를 변화시키기 위해서는 정신을 먼저 바꾸려고 노력하기보다 뇌와 연결된 몸을 먼저 변화시키는 게 더 쉽다. 몸을 많이 움직이면 뇌를 많이 움직이는 것과 같다. 새로운 사고를 통해 새로운 시냅스가 형성되는 것처럼, 몸을 움직이면 새로운 동작을 통해서 새로운 시냅스가 만들어진다. 이 과정을 통해 뇌가 변화하고 발전하는 것이다. 그래서 나이를 먹더라도 운동을 하면 뇌 기능이 향상된다.

뇌는 정보처리 기관이다

뇌와 몸의 관계를 이해할 때는 뇌가 정보처리 기관이라는 사실부터 알아야 한다. 육체의 모든 정보는 뇌로 전달되며 뇌는 정보를 처리한 후 다시 몸으로 전달한다. 우리 몸 전체에 퍼져 있는 100조개가 넘는 신경 네트워크가 몸과 뇌를 연결하며 정보를 주고받는다. 몸에 변화가 생기면 뇌에 변화가 오고, 반대로 뇌에 변화가 생겨도 몸에 변화가 온다. 이때 뇌가 어떤 정보를 받아들이는지보다 정보를 어떻게 처리하는지가 더 중요하다. 뇌에서 처리하는 결과에 따라 몸의 변화로 나타나기 때문이다.

좋아하는 생선회를 먹고 두드러기가 났던 사람이 있었다. 그 사람은 두 번 정도 이상 증상을 경험한 후에는 회를 먹을 때마다 두드러기가 날까 봐 걱정하곤 했다. 결국 '나는 회를 먹으면 두드러기가 난다'라는 정보처리 때문에 회를 먹으면 온몸에 두드러기가 났다. 음식뿐만 아니라 우리가 경험하고 받아들이는 많은 것들이 같은 상황이라도 어떻게 받아들이냐에 따라 그 결과는 확연히 차이가 난다.

가장 빠르게 뇌를 변화시키는 방법

이 세상에 나와 같은 사람은 단 한 명도 없다. DNA가 99% 일치하는 일란성 쌍둥이도 서로 성격이나 재능 등이 전혀 다르다. 모든 사람이 다르다는 것은 모든 뇌가 다르다는 의미다. 모든 뇌와 개인을 각자 다르게 하는 것이 바로 신경가소성이다. 거의 똑같은 유전자를 갖고 태어난 쌍둥이도 자라면서 환경과의 상호작용을 통해 각기 다른 방식으로 자신의 뇌를 변화시키는 것이다.

가장 빠르게 뇌를 변화시키는 방법은 정보처리를 지금까지와는 다르게 하는 것이다. 21세기는 정보화 시대다. 갈수록 우리가 접하는 정보의 양이 비약적으로 늘어나고 정보의 홍수 속에서 자율적으로 판단하고 결정하기가 점점 더 어려워지고 있다. 너무 많은 선택지와 치열한 경쟁 속에서 갈피를 잡기 쉽지 않다.

뇌는 가장 고등의 생물학적 기관인 동시에 뛰어난 정보처리 기관이라는 것을 잊지 말자. 정보과다의 시대에는 뇌가 정보처리 기관이라는 것만 알아도 주체적으로 정보처리를 할 수 있다. 내가 무엇을 선택하고 어떻게 정보를 처리하느냐에 따라 모든 것이 결정된다고 봐도 과언이 아니다. 루틴을 만들 때도 나한테 도움이 되는 새로운 습관을 만들거나 나쁜 패턴을 버릴 수 있도록 정보처리를 하는 연습을 하면 된다. 고정관념이나 강한 습관에 사로잡혀 있다면 다른 방식으로 정보를 처리하기 쉽지 않기 때문에 연습이 필요하다.

지금까지 계속 다이어트에 실패했다면 '다이어트는 즐겁다'라고 정보처리를 하고, 운동을 싫어한다면 '나는 운동이 좋다. 먹는 것보다 운동이 더 좋다'라고 하는 것이다. 아침 잠이 많은 경우에는 '나는 새벽 시간이 참 좋다'라고 하고, 글솜씨가 없는데 글을 잘 쓰고 싶다면 '나는 글을 아주 잘 쓴다'라고 의식적으로 연습하면 된다. 금연이 힘들다면 '나는 담배 연기가 싫어'라고 끊임없이 정보처리를 해보자. 지금까지와는 다른 방식으로 정보처리 연습을 하다 보면 점점 뇌에 변화가 생기고 삶에도 변화가 찾아오게 된다.

뇌통합으로
뇌사용량늘리기

인간은 뇌를 어느 정도나 사용할까

인간의 사고와 행동에서 무의식이 차지하는 비중은 명확히 밝혀져 있지 않다. 이것이 밝혀진다면 인간이 뇌를 어느 정도 사용하는지도 알 수 있게 된다. 무의식에는 아직 발현되지 않은 잠재력이 있다고 보기 때문이다. 흔히 일반인들은 뇌를 5%도 채 사용하지 못하며 아인슈타인과 같은 천재들은 10% 정도 사용했다고 알려져 있다. 그러나 과학자들은 우리가 이미 뇌를 100% 사용한다고 주장한다. 음악을 듣거나 걷기만 해도 뇌의 영역 대부분이 활성화되기 때문이다.

물론 기능적이고 구조적인(functional) 측면에서는 뇌를 거의 100% 사용하는 것으로 보인다. 그러나 잠재적인(potential) 측면에서 보면 뇌는 신경가소성이 있어 평생 변화하고 개발할 수 있는 것으로 알려졌다. 즉 뇌 안에 잠들어 있는 잠재력이 어느 정도일지, 인간이 과연 뇌를 어느 정도 사용하는지, 무의식의 비중이 얼마나 되는지 현재로서는 명확히 밝혀져 있지 않다.

하버드 대학교 제럴드 잘트먼 교수는 소비자에게 그림과 사진을 보여주고 연상을 유도하는 은유추출기법인 잘트먼 기법(ZMET)을 개발했다. 이 기법은 인간의 사고 중 95%가 무의식에서 나온다는 것을 진제로 한다. 잘트먼 교수는 2012년 〈매일경제〉와의 인터뷰에서 95% 무의식으로 이루어지는 '마음 시장'을 공략하지 못하면 기업 마케팅은 성공하기 어렵다고 단언했다.

무의식이 몇 %를 차지하는지 정확하게 수치로 표현할 수는 없어도 인간의 사고와 행동 중 많은 부분이 무의식중에 일어난다. 따라서 습관을 만들 때 우리가 주목해야 할 것은 바로 무의식의 세계다. 무의식적으로 숨을 쉬고 심장이 뛰는 등의 생명활동이 일어나듯이 습관도 무의식에 각인시키면 저절로 행해지기 때문이다. 다시 말해 습관을 통해 무의식의 영역을 개발함으로써 뇌 사용량을 늘릴 수도 있다.

뇌의 3층 구조

무의식을 이해하기 위해서는 먼저 뇌의 3층 구조를 이해해야 한다. 신경과학자 폴 맥린이 제시한 '삼위일체 뇌이론(Tribune

Brain)'이 그것이다. 인간의 뇌는 발달하는 순서에 따라 뇌간, 대뇌변연계, 대뇌피질의 3층 구조로 크게 구분된다. 3층 구조는 편의상 설명하기 쉽게 만든 개념이며, 원래 뇌는 고도로 복잡하고 유기적으로 작동하기 때문에 명확하게 층으로 나눌 수 없다.

그런데 3층 구조로 뇌를 바라보면 인간의 주요한 정신 활동인 무의식과 감정, 생각을 더 쉽게 이해할 수 있게 된다. 각 영역을 하나씩 살펴보자.

| 뇌의 3층 구조 |

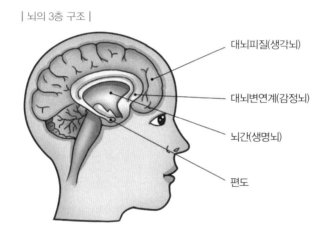

먼저 뇌간은 뇌의 가장 깊숙한 곳에 자리하고 있으며 '생명뇌'라고도 불린다. 이곳에서는 주로 호흡, 순환, 소화, 생식 등 기본적인 생명 기능을 수행한다. 일일이 신경을 쓰지 않아도 저절로 호흡하고 심장이 뛰는 것처럼 인간이 의식적으로 조절할 수 없다. 그래서 뇌간을 무의식의 영역이라고 부른다.

뇌간의 윗부분에 있는 변연계는 '감정뇌'로 불린다. 개체 및 종족 유지에 필요한 성욕, 식욕 등의 본능적인 욕구를 담당하며 슬픔, 기쁨, 분노 등의 감정이 발생하는 곳이다. 감정뇌인 변연계는 인간의 희로애락을 관장하는데, 특히 입구에 위치한 편도체는 좋고 싫음을 결정하고 부정적 정서의 기억 과정에 관여하며 감정을 인식하고 만드는 일도 한다.

마지막으로 뇌의 가장 바깥쪽을 둘러싸고 있는 영역은 대뇌피질이다. '생각뇌'라고도 불리며 언어를 토대로 기억하고 분석하고 종합하며 판단하고 창조하는 인간 고유의 두뇌 활동이 이루어진다. 인간에게만 존재하는 영역이지만 최근에는 AI가 넘보고 있다. 생각뇌는 오감을 통해 외부의 사물이나 현상과 접촉하고 거기서 입수한 정보를 감정뇌로 전달한다. 쉽게 말해, 뇌간은 생명을, 대뇌변연계는 감정을, 대뇌피질은 생각을 관장한다.

뇌통합

생명뇌가 무의식적으로 작동하는 뇌라면 감정뇌와 생각뇌는 인간의 의식이 개입해서 작동된다. 잠재력은 생명뇌의 영역인 무의식에 잠재되어 있으며 아직 발현되지 않은 능력이다. 수면 아래에 잠들어 있는 무의식을 수면 위로 끌어올릴 수 있다면 뇌 사용량이 늘어날 것이다. 뇌 사용량이 늘어나면 뇌를 '더 잘 사용'하게 된다.

이는 신경과학적으로, 뇌에 존재하는 천억 개의 신경세포들이 상호 긴밀하게 연결되고 뇌가 통합된다는 것을 의미한다. 뇌의 각 부위는 신경망들이 상호 긴밀히 연결되고 협동하여 정보처리를 하는데, 뇌의 능력은 이 신경망이 얼마나 통합적으로 발달해 있느냐에 따라 달라진다. 뇌통합에는 수직적 통합과 수평적 통합이 있다. '생명뇌-감정뇌-생각뇌'의 3층 구조가 하나로 통합되는 것이 수직적 통합이고, 좌뇌와 우뇌가 통합되는 것이 수평적 통합이다.

뇌가 수직적으로 통합되면 숨어 있던 생명뇌의 잠재력이 발현된다. 수평적으로 통합되면 좌뇌와 우뇌를 골고루 사용하게 되어 전뇌적 인간이 된다. 전뇌적 인간이란 뇌의 다양한 영역을 통합적으로 사용하는 사람을 일컫는다. 결과적으로 뇌가 수직적·수평적으로 통합되어 뇌 사용량이 늘어나면 효율성과 생산성이 극대화되어 다양한 분야에서 천재성을 드러내게 된다.

앞서 살펴보았듯이 오래된 습관은 무의식에 각인된 것이어서 쉽게 바뀌지 않는다. 그러나 뇌통합이 되면 무의식의 습관도 쉽게 바꾸거나 새로 만들 수 있다. 무의식은 타고난 유전자나 환경에 따라 사람마다 달라지며 자신만의 고유한 습관을 만들어낸다. 무의식적인 습관을 바꾸기 위해서는 뇌통합이 된 상태에서 새로운 습관을 만들어야 한다. 뇌통합 상태에서는 무의식에 새로운 습관을 쉽게 새길 수 있기 때문이다. 뇌를 통합하는 방법은 5장의 '잠재의식에 새기기' 편을 비롯한 브레인 명상을 참고하자.

멀티태스킹의
함정

멀티태스킹에 뛰어난 여성

왼손으로는 전화기를 붙잡아 통화를 하고 오른손으로는 밥을 먹는다. 그리고 발로는 아기의 침대를 흔들고 눈으로는 아기의 상태를 살핀다. 또 TV를 보면서 수다를 떨거나 요리를 하며 아이를 혼내는 등 놀라울 정도로 한꺼번에 많은 일을 할 수 있는 사람이 있다. 이뿐만이 아니다. 공부, 운동, 요리, 노래, 춤 등 못하는 것이 없이 다방면에 만능인 사람도 있다. 이른바 멀티플레이어를 말한다. 멀티플레이어는 여러 방면으로 뛰어난 재능을 보이기 때문에 유능한 인재로 여겨졌다.

흔히 여성들이 남성들보다 멀티태스킹에 뛰어나다고 한다. 엄마와 아빠가 TV를 보고 있을 때 부르면 아빠는 거의 대답하지 못하는데 엄마는 매번 대답했던 경험을 누구나 해봤을 것이다. 2015년 국제학술지 〈플로스 원(PLOS ONE)〉에 게재된 설문에서도 80%의 사람들이 "멀티태스킹에서는 여성이 남성보다 낫다"고 답했다. 하지만 남성 중에서도 멀티태스킹으로 유명한 사람이 있다. 바로 나폴레옹이다. 나폴레옹은 프랑스령의 외딴 섬 코르시카의 가난한 집안 출신으로 30대 초반에 프랑스 황제로 등극해 유럽을 제패했다. 그는 수많은 서류를 검토하면서 동시에 여러 가지 지시를 내렸다고 한다.

그렇다면 멀티태스킹은 많은 여성들과 소수의 뛰어난 남성들의 축복일까? 멀티플레이어가 뇌를 잘 쓰는 것일까? 과연 실제로 멀티태스킹이 가능하기는 할까?

남녀 멀티태스킹의 차이

여성이 남성보다 멀티태스킹에 뛰어난 이유를 과학적으로 입증한 결과가 2013년 12월 미국 국립과학협회보에 실렸다. 미국 펜실베니아 대학교 페렐만 메디컬스쿨 연구진은 남성과 여성의 뇌신경 배선에 현저한 차이가 있고 이는 남녀의 멀티태스킹 능력의 차이로 나타난다고 했다.

연구팀은 8세부터 22세의 남녀 949명을 대상으로 사상 최대 규모로 뇌의 각기 다른 부분들을 잇는 신경망도식화 작업을 진행했다. 그 결과 남성의 뇌신경 흐름은 앞뒤로 이루어지는 경우가 많았는데, 이는 인지와 통합 활동을 가능하게 하는 것이다. 따라서 정보를 순간적으로 활용하는 주차나 집중력이 필요한 지도로 길 찾기 같은 한 가지 임무를 수행할 때 남성이 여성보다 뛰어나다.

또 남성은 운동 능력과 관련된 소뇌 활동이 뛰어나 스포츠에서도 높은 능력치를 보인다. 반면, 여성의 뇌신경은 분석력과 직관력에 도움이 되는 좌·우뇌 간 연결이 많았다. 이는 사회적인 지각력과 기억력이 뛰어나고 그룹 활동이나 여러 일을 동시에 하는 멀티태스킹에 능하다는 뜻이다.

따라서 사람의 얼굴을 기억하거나 전화를 하면서 요리를 하는 등의 일을 여성이 남성보다 더 잘한다. 연구진은 "남성이 특정한 일에 집중력을 발휘하는 반면에 여성은 다양한 일을 동시에 할 수 있는 현상을 설명해준다"고 했다.

반면, 2019년 〈플로스 원(PLOS ONE)〉에 실린 연구에 따르면 남녀 상관없이 멀티태스킹이 힘들다고 한다. 노르웨이 베르겐 대학교의 연구진은 96명의 남녀 참가자들을 대상으로 실험을 했는데 하나의 작업만 하는 단일 작업과 두 가지 작업을 동시에 하는 멀티 작업, 하나의 작업을 하고 다른 작업으로 빠르게 주의를 돌리는 순차적 멀티 작업을 실시했다. 실험 결과 동시 멀티작업이든 순차적 멀티작업이든 성별과 관계 없이 단일 작업보다 멀티 작업에서 어려움을 겪었으며 점수도 낮았다고 한다. 이에 연구진은 성별이 멀티태스킹에 영향을 미치지 않는다고 결론을 내렸다.

멀티태스킹이 아예 불가능하다는 주장도 있다. 미국의 경영 컨설턴트인 데이비드 크렌쇼는 저서 《멀티태스킹은 없다》에서 두 가지의 일을 번갈아 처리하는 스위치 태스킹과 무의식적이고 반복적인 일을 하면서 다른 일을 하는 백그라운드 태스킹을 제시했다. 앞의 연구 사례에서와 같이 전화를 하면서 요리를 하거나 걸으면서 대화를 하는 식이다. 이 맥락에 따르면, 무의식적으로 반복된 일을 할 경우에만 멀티태스킹이 가능하다.

능력 있어 보이는 멀티태스킹의 반전

여러 연구와 자료를 종합해 볼 때 걷기나 일상적인 대화 같은 매우 자동적인 행위를 할 때만 멀티태스킹을 수행할 수 있고 의식적인 집중이 필요할 경우에는 불가능하다. 사람의 뇌는 두 가지 정보를 동시에 처리하지 못하기 때문이다. 멀티태스킹이 가능한 것 같지만 실제로는 여러 가지 정보를 동시에 처리하지 못하고 한 가지씩 순차적으로 처리한다. 우리가 생각하는 멀티태스킹은 여러 가지 일을 빠른 속도로 번갈아 처리하는데 그 속도가 워낙 빨라서 동시에 처리하는 것처럼 보일 뿐이다. 뇌의 메커니즘상 멀티태스킹은 오히려 집중력을 떨어뜨리고 비효율적이어서 실수를 증가시킬 수 있다. 따라서 뇌의 생산성과 효율성을 높이기 위해서는 한 가지 일에 집중하는 것이 더 좋다.

이를 뒷받침하는 연구가 있다. 미국 코네티컷 주립대학교 로라 보먼의 연구팀에 의하면, 교과서를 읽으면서 메신저를 사용하는 학생이 책 읽기만 하는 학생에 비해 해당 단락을 읽는 데 25%의 시간이 더 걸린다고 한다. 음악을 들으면서 공부를 하거나 SNS를 하면서 업무를 보는 등 두 가지의 행위가 무엇이든 상관없이 한 가지에 집중하는 것보다 완성도는 떨어지고 소요 시간은 길어진다.

이러한 현상은 기술의 발달로 점점 가속화되는 모양새다. 우리가 책을 읽거나 무언가에 집중하려고 할 때 스마트폰 알람이 울리면 바로 집중력이 떨어진다. 메시지 알람, SNS 좋아요 알람, 이메일 알람 등 집중을 방해하는 요인은 무수히 많다. 나 역시 스마트폰으로 딴짓을 하다가 옆길로 새어 할 일을 완전히 망친 적이 한두 번이 아니었다. 그래서 중요한 일을 할 때면 스마트폰을 무음으로 해놓거나 아예 꺼버린다.

멀티보다는 선택과 집중

학창 시절 내 별명은 팔방미인이었다. 공부와 운동, 노래, 춤까지 무엇이든지 잘하는 다재다능한 사람, 멀티플레이어라는 칭찬이 듣기 좋아서 무엇이든지 더 열심히 했던 것 같다. 그러나 이제 스스로 멀티플레이어를 지양하는 삶을 살고 있다. 멀티플레이어는 탁월하게 잘하는 것이 없는 것과 같기에 잘하면서도 동시에 좋아하는 것을 선택하여 모든 에너지를 집중해 단순하게 살려고 노력하고 있다.

뇌는 단순하고 명쾌한 것을 좋아한다. 한꺼번에 너무 많은 일을 하는 멀티태스킹은 비효율적인 데다가 뇌를 혼란스럽게 만든다. 복잡한 뇌회로를 혼란에 빠트리는 것은 나도 모르는 사이 스트레스를 가중시키는 것과 같다. 따라서 뇌를 잘 쓰기 위해서는 단순하게 사는 라이프스타일이 필수다. 습관을 만들 때도 마찬가지다.

이것저것 다 하려고 욕심을 부리는 대신 나에게 꼭 필요하며 하고 싶은 것부터 해야 한다. 우선순위를 정하고 지금 가장 필요한 루틴부터 시작해보자. 단순함 속에서 행동하고 실천하는 힘이 나오기 마련이다.

뇌
속이기

플라시보 효과

다이어트에 단 한 번도 성공하지 못한 두 친구가 있었다. 어느 날 두 사람은 한 달 만에 만났는데, A가 몰라보게 살이 빠지고 건강해진 모습으로 나타났다. 비결이 궁금해진 B는 A가 복용한 체지방을 분해한다는 약을 먹게 되었고 한 달 후 놀라운 결과를 얻었다. 무려 4kg이나 빠진 것이다. 그러나 B가 먹은 제품은 아무 효과가 없는 가짜 약이었다. 이렇듯 가짜 약을 진짜 약이라고 투여하면 30~40% 정도가 유효한 작용을 나타내는데 이를 '플라시보 효과(Placebo Effect)'라고 한다.

'플라시보(placebo)'라는 단어는 원래 '좋아지게 하다, 만족스럽게 하다'는 뜻의 라틴어로 위약 효과를 의미한다. B의 경우에는 한 번도 다이어트에 성공하지 못했던 친구가 살을 뺀 모습을 보고 자신도 효과를 볼 것이라는 기대와 믿음이 크게 작용했다. 예전에는 이와 같은 현상에 대해 심리학적·생물학적 근거가 없다고 여겼는데, 최근 뇌영상 연구의 발전으로 위약을 먹은 후 뇌를 관찰해보니 진짜 약을 먹었을 때와 같은 변화가 관찰되었다. 위약을 권한 사람에 대한 신뢰가 크고 가격이 비쌀수록 더 큰 효과가 나타났다. 우리 뇌가 믿는 대로 몸이 반응한다는 사실이 과학적으로 입증된 것이다. 즉 뇌에 어떠한 정보를 주는지 그 정보를 얼마나 강력하게 입력하는지에 따라 효과가 차이가 난다.

플라시보 효과를 잘 활용하면 운동을 전혀 하지 않고 지금과 똑같은 생활을 해도 다이어트의 효과가 나타난다. 일상적으로 하는 움직임과 일을 운동이라고 생각하면 실제 운동을 하지 않아도 살이 빠진다는 연구 결과가 있다. 하버드 대학교의 심리학자 랭거 교수는 하루 평균 15개의 방을 청소하는 여러 호텔의 청소부 84명을 두 집단으로 나눠서 실험을 했다. 그들 대부분은 과체중인 데다가 배가 나오고 혈압도 높았다.

랭거 교수는 한 그룹에게는 청소 활동의 운동 효과에 대해 설명해줬다. 15분간 시트를 가는 데만 40칼로리가 소모되고, 진공청소기로 15분간 청소하면 50칼로리가 빠지기 때문에 방 하나를 청소하면 땀을 뻘뻘 흘리며 10분간 운동하는 것과 똑같은 효과가 있다고 말이다. 하루에 15개의 방을 치우는 것이 두 시간 반 동안 운동을 하는 것과 똑같다고 인식한 청소부들은 한 달 후 평균 0.9kg의

체중이 빠지고 체지방이 줄었을 뿐 아니라 혈압도 10% 떨어졌다. 반면, 아무런 설명을 듣지 못한 집단은 전혀 변화가 없었다. 이에 대해 랭거 교수는 다음과 같이 설명했다.

"청소하며 몸을 움직일 때마다 칼로리가 빠져나간다고 생각하니 실제로 지방이 빠져나간 것입니다. 무심코 청소만 하면 아무 변화가 없고, 고역이라고 여기며 청소할 때는 오히려 피로 독소만 쌓이게 됩니다." 이와 같이 뇌를 잘 속이면 굳이 힘들게 운동하지 않아도 살이 빠지고 건강해질 수 있다.

노시보 효과

랭거 교수의 연구에서 청소를 고역이라고 여기는 사람은 플라시보와 반대되는 효과를 일으켰다. 아무런 효과가 없는 약을 주면서 '이것을 먹으면 배가 아플 것이다'라고 말하면 실제로 복통을 일으키는데 이를 '노시보 효과(Nocebo Effect)'라고 한다. 청소를 고역이라고 여기며 어쩔 수 없다고 생각하고 한다면 노시보 효과로 인해 피로 독소가 쌓여서 몸에 안 좋은 영향을 미치게 된다. 그러나 노시보 효과도 잘 이용하면 나쁜 습관을 없애는 데 도움이 될 수 있다.

우리가 습관을 만들 때는 플라시보 효과와 더불어 노시보 효과도 잘 활용해야 한다. 다이어트를 예로 들면 목표 기간 후에 변화된 나의 모습을 매일 상상해보는 것이다. 한 달 뒤에 5kg을 빼고 체지방을 줄이는 것이 목표이면 건강하고 날씬해진 모습이나 그에 맞는 생활을 하는 나를 생생하게 떠올린다. 이를 위해서는 운동과 더불어 식이요법도 해야 하는데 식욕을 조절하는 것은 여간 어려운 일이 아니다. 좋아하는 사람들과 맛있는 음식을 먹을 때 행복감을 느끼는 것은 나 역시 마찬가지다.

운동은 평소에도 워낙 좋아하니까 힘들지 않은데 식욕을 억제하는 것이 가장 힘이 든다. 그럴 때 나는 노시보 효과를 적용한다. 먹고 싶은데 도저히 참을 수 없는 음식이 앞에 있으면 그 속에 징그러운 벌레와 곰팡이가 있다고 상상한다. 그걸 먹으면 내 뱃속으로 들어가 몸을 상하게 할 거라고 상상하는 것이다. 그러면 어느새 식욕이 뚝 떨어지게 된다. 작은 애벌레만 봐도 기겁하는 나로서는 꽤 효과가 좋은 방법이다.

금연을 할 때도 마찬가지다. 담배를 필 때마다 폐가 새까매지고 온몸이 염증으로 가득 차 있다고 상상해보자. 들이마시는 연기가 세상에서 가장 해로운 것이라고 생각하면 점점 담배를 멀리하게 될 것이다. 이는 결혼 전에 남편이 시도해서 성공한 방법이다. 덕분에 남편은 20년이 지난 지금까지 비흡연자로 살고 있다. 이처럼 노시보 효과는 무언가를 인내해야 할 때 보다 쉽게 참고 끊을 수 있게 도움을 준다.

상상으로 뇌를 속이자

우리 뇌는 상상과 현실을 구분하지 못한다. 미국의 의사이자 생리학자인 에드먼드 제이콥슨 박사의 연구에 따르면, 환자들에게 몸을 움직이는 것을 상상해서 시각화하라고 하자 실제 몸이 움직일 때 나타나는 근육의 미세한 움직임이 관찰되었다고 한다. 뇌는 우리가 믿는 대로 반응하며 얼마나 강하게 믿느냐에 따라 상상이 현실보다 더 큰 힘을 발휘하기도 한다. 뇌는 정보처리 기관이기 때문에 어떤 정보를 받아들이는지보다 정보를 어떻게 처리하는지가 더 중요하다. 뇌에 들어온 정보를 긍정적으로 처리하면 긍정적인 반응이, 부정적으로 처리하면 부정적인 반응이 나온다. 다시 말해 스스로 자신의 뇌를 얼마나 잘 속이느냐에 따라 결과가 확연히 달라진다.

이제부터는 일상적으로 하는 모든 일을 새롭게 생각해 바라보자. 아침에 회사에 출근하기 위해 걸어가고 대중교통을 갈아타는 일 등을 운동이라고 생각해보자. 배에 힘을 주고 두 발을 쭉쭉 뻗으며 힘차게 걸어보자. 집안일을 하는 것도 노동이 아닌 운동이라고 생각하자. 청소기를 돌리고 빨래를 널거나 개고 설거지를 하는 등의 일은 모두 에너지 소모가 매우 큰 운동이다. 운동할 시간이 없을 만큼 바빠서, 운동이 싫어서 못한다는 생각을 버리고 '나는 움직임이 많은 사람이다. 평소의 움직임으로도 충분히 운동이 된다'라고 생각하면 된다.

뇌 속이기 효과는 인간관계에서도 적용된다. 직장이나 주위에서 나를 싫어하는 것 같은 사람이 있으면, 이제부터 그 사람이 나와 친하게 지내고 싶어서 나를 너무 좋아해서 그런 거라고 상상하자. 그런 마음으로 대하다 보면 어느 순간 그 사람이 전과는 달리 나를 좋아하는 것 같은 행동을 보일 것이다.

이는 내가 지금껏 여러 번 겪어본 일이다. 상대방이 나를 좋아한다는 상상은 내 마음 그릇을 크게 만들어 나를 싫어하는 사람조차 이해하고 품을 수 있게 한다. 나를 괴롭히거나 매사에 부딪히는 사람이라면 상상이 쉽지 않겠지만 일단 한번 해보길 바란다. 이 작은 사고의 전환이 얼마나 큰 결과를 가져오는지 직접 겪게 될 것이다. 자신의 뇌를 속이는 것은 해볼수록 굉장히 신나는 일이다.

끌어당김과
에너지 공명의 법칙

유유상종

유유상종(類類相從)이라는 말이 있다. 비슷한 무리끼리 모이고 사귀는 모습을 일컫는데 매우 과학적이다. 양자물리학에 의하면 우주 만물은 고유의 진동수를 가지고 파동하는 것으로 알려져 있다. 각 물질은 고유한 파동으로 서로 밀거나 끌어당기는데 이렇게 비슷한 파동끼리 상호작용하는 것을 '에너지 공명의 법칙'이라고 한다. 즉 유유상종처럼 같은 주파수를 가진 에너지끼리 반응한다는 것이다. 병원이나 산후조리원 신생아실을 떠올리면 이해하기 쉽다. 여러 명이 모여 있는 신생아실에서 갓난아기 한 명이 울면 다른 아기들도 덩달아 울기 시작한다. 순수한 아기들은 에너지 공명이 더 잘되기 때문이다.

이 에너지 공명의 법칙과 일맥상통하는 법칙이 있다. 오랫동안 자기계발서에서 선풍적인 인기를 끌었던 주제로 성공과 부를 가져다준다는 '끌어당김의 법칙(Law of Attraction)'이 바로 그것이다. 하지만 원하는 바를 간절히 떠올리고 구체적으로 상상하면 그대로 이루어진다는데 왜 우리는 아직도 원하는 것들을 이루지 못하고 있는 것일까? 성공한 사람들의 성공 법칙을 다 알고 있는데도 그들처럼 되지 못한 이유는 무엇일까?

끌어당김의 법칙

그 이유를 밝히기 위해서는 먼저 성공의 법칙을 보다 자세하고 정확하게 알 필요가 있다. 끌어당김의 법칙을 전 세계적으로 유행시킨 론다 번의 저서 《시크릿》에서는 끌어당김의 법칙은 어디서나 볼 수 있다고 한다. 우리는 주변의 모든 것을 자석처럼 끌어당긴다. 생각하는 것이 현실이 되어 나타나며 마음에서 일어난 생각들이 외부로 드러난 것이 바로 삶이다.

또한 이 법칙은 중력의 법칙과 같은 자연의 법칙이다. 지구상에 사는 사람은 높은 곳에서 뛰어내리면 중력의 법칙에 의해 아래로 떨어진다. 좋은 사람이든 나쁜 사람이든 여자든 남자든 가리지 않고 공평하게 누구에게나 적용된다. 마찬가지로 끌어당김의 법칙도 누구에게나 늘 작용한다. 우리 의식 속에 뿌리박힌 생각이 현실로 끌어당겨지는 것이다.

따라서 내가 좋은 것을 생각하면 좋은 것이, 나쁜 것을 생각하면 나쁜 것이 나에게 끌려온다. 앞서 살펴본 플라시보 효과 및 노시보 효과와 같은 맥락이다. 즉 끌어당김의 법칙도 뇌의 메커니즘이다. 이때 주의할 점은 뇌는 부정어를 처리하지 않는다는 것이다. 예를 들어 "난 가난이 싫어!"라고 말하면 잠재의식은 "가난하면 좋겠어"라고 받아들인다. 또 "나도 담배를 안 피우고 싶어"라고 생각하면 "나도 담배를 피웠으면 좋겠어"라고 받아들인다. 즉 원하는 것을 떠올릴 때는 명확하게 긍정어로 표현하는 것이 핵심이다.

에너지 공명의 법칙

끌어당김의 법칙을 과학적으로 설명할 수 있는 것이 에너지 공명의 법칙이다. 이 법칙은 오래전 사건을 보면 더 이해하기 쉽다. 방송국 기자 출신인 김상운 저자의 《흔들리지 않는 공부멘탈 만들기》에 제시된 사례에 의하면, 1831년 영국의 기병 부대 병사들이 브로톤 다리를 군가에 발을 맞춰 걸었다. 그러자 조금씩 흔들리던 다리가 점차 요동치더니 마침내 폭삭 무너지고 말았다.

영국 정부가 진상 조사한 결과 다리에서 발생하는 자연적인 작은 진동이 공교롭게도 병사들의 발걸음 주파수와 맞아떨어졌고, 그 순간 폭발적인 에너지가 발생해서 다리가 무너진 것이었다. 비슷한 시기에 프랑스 군대도 이런 사고를 겪었다. 1850년에 앙제

다리를 478명의 병사가 발을 맞춰 걷자 다리가 서서히 좌우로 흔들리기 시작했고, 진동이 점점 커지더니 현수교 케이블이 뚝 끊어져 226명이 숨지고 말았다.

이 두 가지 사례에는 공통점이 있다. 만약 이들이 군인이 아니었다면 그렇게 엄청난 에너지가 나올 수 없었을 것이다. 군대는 적과 싸워서 이긴다는 공통의 목표를 가지고 있고 같은 목표를 가진 사람들이 한꺼번에 모여서 공명을 일으켰기 때문에 상상할 수 없을 정도로 큰 에너지가 발생한 것이다.

뇌는 끊임없이 활동을 하면서 전기적 파동, 즉 뇌파를 만들어낸다. 뇌파도 에너지 파동이기 때문에 에너지 공명의 법칙이 작용하여 같은 주파수에 공명한다. 즉 화가 난 사람 옆에 있으면 덩달아 화가 나고, 즐거운 사람 옆에 가면 나도 모르게 기분이 좋아지게 된다. 뇌파가 공명했기 때문이다. 그래서 무슨 일이든 혼자서는 지속하지 못하는 사람은 집단에 들어가는 것이 좋다. 같은 목적을 가진 사람들과 공명하다 보면 자신도 모르는 사이 큰 에너지가 나오게 된다. 많은 사람이 함께할 때 힘이 더욱 커지는 것이다.

심기혈정의 원리

끌어당김의 법칙은 서구에서 온 말이지만 우리나라 선도 문화에도 존재했다. '심기혈정(心氣血精)'이라는 말로, 마음(心)을 두는 곳에 에너지(氣)가 모이고, 에너지가 모이면 피(血)가 잘 흐르고 생명 활동이 왕성해지면서 우리 몸의 정(精)을 만든다는 것이다. 마음이 단순한 생각의 차원에 있을 때는 눈에 안 보이지만 강한 의지와 반복적인 생각이 일어나면 물질로 형상화된다는 뜻이다. 이것은 사람의 몸에서만 일어나는 법칙이 아니라 우리가 사는 사회와 우주가 돌아가는 원리이기도 하다.

우리는 살면서 내 생각과 주파수가 같은 에너지를 계속 끌어당기고, 모든 일은 그 결과로 나타나게 된다. 내가 어떤 에너지를 내보내고 끌어당겨 공명하는지는 자신의 뇌 속을 들여다보면 알 수 있다. 항상 긍정적인 에너지와 공명하면 좋겠지만 막상 실천하기란 쉽지 않다. 긍정의 힘을 잘 알고 있지만 힘든 일이나 어려운 일이 닥치면 누구나 부정적인 에너지에 쉽게 동화되고 만다. 무한한 긍정 에너지와 순수하게 공명하지 못하는 것, 이것이 바로 성공한 사람들과 그렇지 못한 사람들의 차이라고 할 수 있다.

순수하게 공명하자

성공한 사람들과 그렇지 못한 사람들의 차이점은 순수성에 있다. 어릴 적 산타클로스를 믿고 선물을 받으리라 기대했던 것처럼 내가 원하는 바가 이루어지리라는 것을 한 치의 의심도 없이 100% 순수하게 믿고 나아가면 끌어당김의 법칙에 의해 원하는 것이 이루어진다. 열심히 노력하는데도 이루지 못한 것은 자꾸 뇌에서 안 될 것이라는 의심과 불안이 싹터서 끌어당김의 법칙이 작용하는 것을 방해하기 때문이다.

앞서 살펴본 뇌의 3층 구조를 떠올려보자. 우리가 무언가를 결심했을 때 가장 먼저 생각뇌에서 안 될 거라는 의심이 든다. 감정뇌에서는 실패의 불안과 두려움도 생겨난다. 한마디로 뇌통합을 방해하는 것이다. 따라서 목표를 향해 갈 때 당장 결과가 보이지 않아도 의심하거나 불안해하지 말아야 한다. 나의 모든 생각은 잠재의식에 씨앗으로 심어지기 때문이다. 의심 없이 아이처럼 순수하게 믿는 마음으로 맡기면 그 강하고 순수한 신념에 잠재의식은 반응한다. 뇌파도 에너지이기 때문에 제대로 공명하려면 단 1%의 의심도 허용되지 않는다. 그래야만 마침내 때가 되었을 때 그 반응이 현실로 이루어진다.

우리가 끊임없이 '나는 한다', '나는 할 수 있다', '나는 꼭 할 거다!'라는 긍정적 파동 에너지를 흘려보내야 하는 이유도 마찬가지다. 에너지 공명의 법칙에 의해서 어디선가 이를 가능하게 하는 파동 에너지와 접속하게 된다. 다시 한번 강조하지만, 주파수로 존재하는 에너지는 한 치의 티끌도 허용하지 않는다. 정확하게 맞아떨어졌을 때 공명하게 되므로 자신이 원하는 바를 한 치의 의심과 불안도 없이 100% 믿고 실천할 때 이룰 수 있다.

선택과
집중의 힘

스스로 하는 것의 중요성

올해로 중학교 3학년인 큰아들은 어릴 때부터 무엇이든 하기 싫어하는 아이였다. 자신이 원하는 것이 아니면 누군가 권하거나 시켜서 하는 일은 특히 더 귀찮아해서 하지 않았다. 뭐든지 열심히 하고 부지런한 엄마의 시선에서는 답답할 때가 한두 번이 아니었다. 그러던 아이가 어느 날 몸을 만들어야겠다며 홈트레이닝을 시작했다. 엄마 아빠에게 물어보고 영상도 찾아보면서 각종 근력 운동을 터득하더니 저녁마다 운동을 했다. 게다가 종이에 운동 루틴을 계획표로 적어서 하는 모습을 보고는 놀라지 않을 수 없었다. 스스로 계획해서 무언가를 한 것이 처음이었기 때문이다. 더욱 놀라운 것은 두 달이 넘도록 매일 운동을 하고 있다는 사실이다.

누군가 시키거나 억지로 하면 하기 싫고 재미도 없지만, 스스로 선택해서 하면 어려운 일을 오래 해도 즐거울 수 있다. 학창 시절에 공부하려고 책상에 앉았는데 "공부 좀 해"라는 엄마의 잔소리에 공부하기 싫어졌던 경험을 누구나 한 번쯤 했을 것이다. 누군가의 강요나 억압 때문에 공부나 일을 억지로 할 때는 뇌가 힘을 발휘하지 못한다. 신경세포를 연결하는 시냅스에서 신경전달물질의 분비가 느려져 능률이 오르지 않기 때문이다. 반면, 스스로 선택해서 하면 신경전달물질의 분비가 왕성해져서 뇌의 정보 흐름이 빨라진다. 즉 뇌가 힘을 얻는 것이다. 나의 의지로 선택했기 때문에 스스로 뇌의 상태를 변화시킬 수 있다.

선택하면 이루어진다

선택하면 이루어지는 것은 뇌의 메커니즘이다. 동기와 목적이 분명한 선택을 하면 뇌는 그것을 이룰 수 있는 상황을 만들어낸다. 이때 선택의 의지가 강하고 오래 지속될수록 뇌는 더 강하게 반응한다. 큰아들이 꾸준히 홈트레이닝을 할 수 있는 이유는 스스로 운동하기를 선택하고 계획을 세웠기 때문이다. 그리고 외모에 신경을 쓰기 시작했고 근육을 만들어서 멋진 몸으로 거듭나겠다는 강한 의지가 있기에 꽤 오랫동안 지속하고 있다. 본인이 원하는 대로 점차 건강한 근육이 자리를 잡아가고 있고, 스스로 책임감을 갖고 임하는 모습에 선택의 힘을 다시 한번 느낄 수 있었다.

삶을 풍요롭게 하고 행복하게 살기 위해서는 성공하는 연습이 아니라 선택하는 연습이 필요하다. 성공한 사람들은 선택의 힘을 믿고 잘 쓰고 있는 사람들이다. 자신이 원하는 것을 선택하여 이루어내는 연습을 꾸준히 하면 성공하는 것은 당연지사다. 하지만 대부분의 사람들은 자신의 상황을 바꾸고 싶어 하지만 쉽게 그렇게 하지는 못한다. 실제로 행동에 옮기지 않기 때문이기도 하지만, 지금까지와는 다른 선택을 하는 연습이 되어 있지 않기 때문이다. 남들이 하니까 따라서 하거나 강요에 의한 선택이 아니라 자신이 진정으로 원하고 필요한 것을 선택하는 연습을 해야 한다. 원하는 것을 선택하는 힘을 키우면 행복지수도 높일 수 있다.

선택 후에는 집중

선택했다고 해서 모두 이루어지지는 않는다. 선택한 후에는 그것에 집중해야 한다. 뇌는 집중된 상태를 좋아하고 그런 상태에서 에너지가 나와서 눈에 띄는 결과가 생긴다. 따라서 어떤 루틴을 만들기로 선택했다면 이제 집중적으로 그것을 이루기 위한 총력을 기울여야 한다. 뇌의 포커스를 한곳에 맞추는 것이다.

뇌가 멀티태스킹에 약하다는 것을 이미 살펴보았다. 특히 처음으로 루틴을 만들거나 습관적으로 무언가를 하기 어려운 사람은 한 가지 루틴부터 시작하는 것이 좋다. 뇌에 여러 가지 선택지를 주면 에너지가 분산되기 때문에 갈피를 잡지 못한다. 이는 돋보기의 원리를 떠올리면 쉽게 이해할 수 있다. 돋보기로 햇빛을 한곳에 모아 쏘이면 열이 나고 계속하면 종이에 불이 붙는 것처럼 모든 에너지를 한곳에 집중하는 것이다.

처음부터 욕심을 부려 한꺼번에 여러 좋은 습관을 들이려고 하다가 아무것도 이루지 못하고 망치게 되는 경우를 수없이 봤다. 습관 형성 프로젝트에서도 이와 같은 사례가 많다. 처음에는 대부분의 사람들이 열정적으로 여러 개의 목표를 세운다. 하지만 매일 달성 여부를 체크해보면 일주일 동안 거의 하지 못하는 경우가 종종 발생한다. 그때가 돼서야 참가자들은 선택과 집중의 중요성을 깨닫는다. 과도한 욕심을 부렸다면 목표로 하는 습관의 개수를 줄이거나 달성 가능한 수준으로 다시 수정해야 한다.

명확한 목표와 선택의 기준

의식적인 변화를 끌어내기 위해서는 명확한 목표가 반드시 필요하다. 뇌는 확실한 목표가 있을 때 움직인다. 목적지가 없는 자동차가 이리저리 방황하듯이 목표가 없는 뇌는 갈피를 잡지 못한다. 즉 분명하고 확실한 목표를 가지고 원하는 것을 선택할 때 변화가 시작된다. 삶은 매 순간 선택의 연속이다. 스스로 선택하면 책임감이 생기고 지속할 수도 있다. 선택한 후에 집중하면 뇌가 힘을 얻어 좋은 성과가 나타난다. 자신이 잘하는 일이라면 어려움 없이 계속할 수도 있다. 그런데 선택에는 책임이 따르므로 우리는 인생에서 중요한 선택을 앞두고 망설이게 된다. 결과가 좋지 않으면 선택하지 않은 것에 대한 미련이 남아 후회하기도 한다. 하지만 선택하지 않고서는 살아갈 수 없기 때문에 나만의 확실한 기준과 목표를 가지고 선택한다면 후회가 덜한 삶을 살아갈 수 있을 것이다.

나는 양심에 거리낌이 없고 보다 많은 사람들에게 선한 영향력을 미칠 수 있는 선택을 한다. 나 자신은 물론이고 나와 인연을 맺은 사람들이 행복한 것을 우선으로 한다. 이런 기준에서 선택하고 원하는 것에 집중할 때 좋은 성과가 나왔다. 나만의 목표와 기준이 없다면 주변 환경에 크게 영향을 받고 이리저리 끌려다니며 에너지를 낭비하게 된다. 결과가 좋지 않더라도 적어도 자신이 정한 기준에 의한 선택이라면 후회와 자책을 하거나 스스로 비난하는 일은 줄어든다. 자신만의 명확한 목표와 선택 기준을 가지고 집중하면 인생의 주인공으로 살 수 있다.

지금까지 살펴본 뇌의 메커니즘들은 앞으로 두뇌 유형을 이해하고 루틴을 위한 전략을 세울 때 중요한 무기가 될 것이다. 중요하거나 어려운 개념들은 반복적으로 나오기 때문에 걱정할 필요는 없다. 다음 장에서는 두뇌 유형 검사를 직접 해보고 각각 유형별로 어떤 특징들이 있는지 알아본다.

2장

나의 두뇌 유형
알아보기

Brain
Routine

두뇌
유형검사

이 세상에 나와 똑같은 사람은 없다

유전자가 거의 동일한 일란성 쌍둥이마저 성격과 생활 패턴 등 라이프스타일은 다르다. 그럼에도 불구하고 우리는 사람을 유형별로 구분하는 것에 익숙하며 흥미를 느낀다. 완전히 똑같은 사람은 없지만 비슷한 범주로 묶어 같은 유형으로 분류하면, 나와 다른 사람을 이해하는 데 도움이 되기 때문이다. MBTI로 다양한 성격 유형을 열여섯 가지로 나눠 설명하는 것처럼 두뇌 유형 검사 역시 나의 두뇌가 일상생활이나 문제를 해결할 때 어떤 부분을 우선적으로 사용하느냐를 알아보기 위한 것이다.

브레인 루틴을 만들기에 앞서 나의 두뇌 유형을 알아보고 거기에 맞는 전략을 세우면 성공할 확률이 높아진다. 그동안 왜 그렇게 습관 만들기가 어려웠는지 혹은 쉽게 가능했는지도 알 수 있다. 무엇보다도 나 자신에 대해 알 수 있는 객관적인 지표가 된다.

좌뇌-우뇌 구분법과 삼위일체 두뇌 모형

두뇌 유형을 구분하는 가장 일반적인 기준은 좌뇌와 우뇌로 구분하는 것이다. 미국의 신경생물학자 로저 스페리는 좌뇌와 우뇌를 연결하는 뇌량을 절단한 환자를 연구해서 좌뇌와 우뇌가 대조적으로 정보를 처리하고 상호보완적인 기능을 갖고 있음을 밝혀냈다. 좌뇌는 '언어뇌'로서 주로 분석적, 논리적, 언어적 사고를 한다. 우뇌는 '예술뇌'로서 시각적, 직관적, 전체적인 사고를 하는 특성이 있다. 그러나 좌뇌와 우뇌는 따로 기능하는 것이 아니라 서로 정보를 교환하면서 상호보완적인 역할을 한다.

좌우 영역을 단정적으로 구분하는 것보다는 양쪽 두뇌가 균형을 이루며 서로 협조하는 것으로 봐야 한다. 뇌를 두 가지 기능으로 구분하는 것은 지나치게 단순화했다는 한계가 있으므로 더 확대하여 구분할 필요가 있다. 신경과학자인 폴 맥린이 제시한 '삼위일체 두뇌 모형(Tribune Brain)'은 뇌를 뇌간과 대뇌변연계, 대뇌피질의 3층으로 구분한다. 실제로 뇌는 이 순서로 진화하는데, 뇌간은 생명을 관장하고 변연계는 감정 및 욕구를 대뇌피질은 이성 및 의사결정을 관장한다. 즉 위쪽 뇌는 이성을, 아래쪽 뇌는 감성을 담당한다고 생각하면 쉽다. (44쪽, '뇌의 3층 구조' 그림 참고)

전뇌 모형

좌뇌-우뇌 모형과 삼위일체 두뇌 모형을 결합한 것이 네드 허먼(Ned Herrmann)의 '전뇌 모형(Whole Brain Model)'이다. 기존의 단순한 좌우 구분에 대뇌피질과 변연계의 기준을 추가해 두뇌를 4사분면으로 분할하여 나눈 것이다. 이 모델에 따르면, 두뇌를 좌상뇌, 좌하뇌, 우상뇌, 우하뇌의 네 가지로 구분하여 두뇌의 역할과 기능을 새롭게 정의한다. 좌뇌와 우뇌의 구분에 감성과 이성의 뇌를 추가함으로써 앞의 두 가지 구분법의 한계를 보완했다.

| 네드 허먼의 4분할 전뇌 모형 |

출처 : 신재한·이은정,《뇌기반 자기주도적 학습 코치의 실제》, 박영스토리, 2019.

허먼은 기업의 조직구성원들을 대상으로 수만 건의 연구를 통해 위의 그림과 같이 인간의 특성을 분류했다. 수평적으로 좌뇌와 우뇌가, 수직적으로 이성과 감성이 만나는 영역별로 4개로 나눴다. 좌상뇌는 논리적, 좌하뇌는 구조적, 우하뇌는 감정적, 우상뇌는 직관적 활용에 해당한다. 뇌의 구조와 기능적인 관점에서 좌뇌와 우뇌가 수평적 통합을 하고 '대뇌피질-대뇌변연계-뇌간'이 수직적 통합을 이루며 뇌의 전체 영역이 상호 유기적인 기능을 한다는 것을 반영한 것이다.

나의 두뇌 유형을 알아보자

이 모형을 토대로 두뇌 유형 검사지를 개발한 신재한과 이은정 저자는 《뇌기반 자기주도적 학습 코칭의 실제》에서 네 가지 유형을 테스트하기 위해 36문항으로 구성된 검사지를 개발했다. 그리고 소아신경학 권위자인 김영훈 박사는 저서 《두뇌성격이 아이 인생을 결정한다》에서 좌상뇌를 이성좌뇌형, 좌하뇌를 감성좌뇌형, 우상뇌를 이성우뇌형, 우하뇌를 감성우뇌형으로 지칭했다.

이 책에서는 좌뇌와 우뇌, 대뇌피질과 변연계의 특성을 잘 살린 김영훈 박사의 명칭을 사용하고 신재한과 이은정 저자의 검사지를 활용했다. 검사지는 각 유형별로 9문항으로 구성되어 있으며 총 36문항에 답한 후 문항별 합계 점수가 가장 높은 유형이 자신의 두뇌 유형이다. 정답이 따로 있는 것이 아니라 문항을 읽고 자신과 가장 가깝다고 생각하는 곳에 체크하면 되고, 되도록 3번에는 체크하지 않는 것이 좋다. 점수의 차이가 거의 없거나 동점이 나온 경우에는 다시 검사를 실시하고 그래도 동점이 나오면 주변 사람들의 의견을 참고하여 판별한다.

먼저 다음의 두뇌 유형 검사를 실시해보자.

두뇌 유형	번호	문항 내용	척도				
			전혀 그렇지 않다 (1)	그렇지 않다 (2)	보통 이다 (3)	그렇다 (4)	매우 그렇다 (5)
A	1	나는 수리적 계산력이 아주 빠르다.					
	2	나는 남들이 나의 논리를 비판하면 즉각 반론을 편다.					
	3	나는 다른 사람의 말 중 비논리적인 부분에 대하여 민감하게 반응한다.					
	4	나는 정보나 자료가 어떻게 논리적으로 연결되어 있는지를 쉽게 알아낸다.					
	5	나는 다른 사람의 말에 귀를 기울이고 나 자신에게 반복함으로써 정보를 잘 기억한다.					
	6	내가 가장 좋아하는 수업 방식은 짧은 강의, 토론, 창의적 글쓰기다.					
	7	나는 주의 깊게 피드백을 요구함으로써 정보를 잘 기억한다.					
	8	나는 문제를 내 방식대로 해결하는 것을 좋아한다.					
	9	나는 그룹 활동보다 개별 활동을 더 선호한다.					
B	1	나는 변화가 많은 것보다는 안정적인 것을 더 좋아한다.					
	2	나는 내가 하던 생활방식을 잘 바꾸지 않는다.					
	3	나는 일을 같이하게 될 때면 친구들에게 자세하게 지시하는 편이다.					
	4	나는 주의 깊게 계획을 세워 일을 처리한다.					
	5	나는 일정에 따라 순서대로 일을 끝내는 것에 익숙하다.					
	6	나는 배운 내용을 구조화하고 정리를 잘한다.					

	7	나는 약속 장소를 정할 때 사전에 미리 가보고 어떻게 가는 것이 좋을지 알아본다.					
	8	나는 책을 볼 때 내용을 꼼꼼하게 본다.					
	9	나는 다른 사람들과 의견이 다를 때 의견 일치를 위해 노력한다.					
C	1	나는 무엇이든지 시각적으로 잘 꾸미는 능력이 있다.					
	2	나는 남들이 도저히 생각하지 못하는 기발하거나 참신한 생각을 해내는 경우가 자주 있다.					
	3	나는 사물이나 사람을 보면 직관적으로 무엇을 닮았구나 하는 생각이 떠오른다.					
	4	나는 시각자료, 모형, 영상, 집단 과제 등을 사용하는 수업 방식을 선호하는 편이다.					
	5	나는 정보를 직접 눈으로 봄으로써 잘 기억한다.					
	6	나는 가보지 못한 약속 장소에 가야 할 때 명확한 약도나 지도가 필요하다.					
	7	나는 숨겨진 관련성 찾아내기를 잘한다.					
	8	사람들은 나를 독특한 사람으로 평가한다.					
	9	나는 감정적인 사람과 어울리는 것이 힘든 편이다.					
D	1	나는 정이 많다는 소리를 종종 듣는다.					
	2	나는 서먹서먹한 상황에서도 내가 먼저 인사한다.					
	3	나는 다른 사람들의 부탁과 고민을 잘 들어준다.					
	4	나는 음악을 듣는 것을 매우 좋아한다.					
	5	나는 다른 사람이 나의 기분과 욕구에 맞춰줄 때 행복한 편이다.					

6	나는 활동적인 수업을 좋아한다.				
7	나의 장점은 열정적인 것이다.				
8	나는 공부를 할 때 친구들과 함께 하는 것이 좋다.				
9	나는 평소 사람들을 잘 돕는 편이다.				

　A, B, C, D 중 합계 점수가 가장 높은 유형이 자신의 두뇌 유형이다. A형은 이성좌뇌형, B형은 감성좌뇌형, C형은 이성우뇌형, D형은 감성우뇌형이다. 이 검사지는 학습 유형을 파악하기 위해 개발되었지만, 일상생활이나 문제를 해결할 때도 두뇌 유형에 따라 달라지기 때문에 이 검사 방법을 썼다. 가족과 지인들뿐만 아니라 습관 형성 프로젝트에 참여한 사람들은 모두 두뇌 유형 검사를 실시했는데, 신기할 정도로 유형별로 비슷한 패턴을 가지고 있었다. 하지만 검사가 100% 정확하지 않을 수도 있고 각 유형이 칼로 자르듯 확실하게 구분되지는 않는다. 한 가지 기질만 갖고 있진 않으므로 두 가지 유형이 섞여서 나타나는 경우도 있다.

　따라서 이 두뇌 유형 검사는 그동안 몰랐던 자신을 더 잘 파악하고, 습관을 만들 때 보다 효율적인 방법을 적용하기 위한 것이다. 앞으로 나올 유형별 특성과 전략 등은 반드시 그대로 해야 하는 것은 아니고 자신에게 가장 잘 맞는 방법으로 하면 된다.

이성좌뇌형
엔지니어의뇌

탁월한 문제해결력

각기 다른 두뇌 유형의 친구 4명이 오랜만에 만났다. 서로 반갑게 인사하고 그동안의 안부를 주고받은 후 난관에 부딪혔다. 무엇을 해야 할지 어디를 갈지 의견이 달라서 쉽게 결정이 나지 않았다. B는 배가 고파서 밥을 먼저 먹고 싶었고 C는 영화 시간이 얼마 안 남았으니 영화를 먼저 보길 원했으며 D는 아무래도 상관이 없었다. 오랜만에 만났으니 그동안 못다 한 이야기도 해야 했다. 조용히 상황을 지켜보던 A가 드디어 입을 열었다.

"좋아. 일단 오늘 우리가 할 일은 영화 보고 밥 먹고 이야기도 하는 거지? 그럼 영화를 보면서 간식을 먹은 후에 밥을 먹고 카페에 가서 이야기하면 어때? 영화가 두 시간이니까 시작할 때 간단하게 먹으면 끝날 때쯤은 배가 고플 거야. 배가 안 꺼졌으면 극장

에서 조금 거리가 있는 식당까지 걸어서 가면 되잖아." 항상 그랬
듯이 이성좌뇌형인 A의 상황판단과 결정으로 네 친구는 사이좋게
극장으로 향했다.

이성좌뇌형(A)은 허먼의 전뇌 모형에서 좌뇌와 대뇌피질(생각뇌)
이 만나는 영역인 좌상뇌에 해당하는 유형이다. 허먼은 두뇌 우성
을 측정하기 위해 두뇌우성 측정도구(HBDI: Hermann Brain Dominance
Instrument)를 개발했다. HBDI는 직업과 큰 연관이 있는데 주로 과
학자들이 이 영역의 두뇌 우성을 갖고 있다. 허먼은 이 영역을 '이
성적 자아'라 부르고, 숫자를 좋아하며 사실적이고 비판적인 특성
을 갖는다고 봤다. 이를 설명하는 핵심 용어는 '분석'으로, 이성좌
뇌형을 한마디로 표현하면 '엔지니어의 뇌'라고 할 수 있다.

숫자와 통계, 자료에 익숙하며 재정적 분석과 의사결정을 잘한
다. 논리적이고 수리적일 뿐만 아니라 정량적이며 분석적 사고를
통해 현실을 모니터링하고 분석하는 능력이 있다. 또한 기술적 요
소에 대한 이해가 뛰어나고 이론을 만들어내며 정확하게 측정하
거나 비판적으로 분석한다. 즉 문제들을 비판적으로 분석하고 논
리적인 문제를 잘 해결하는 특징을 보인다. 위의 네 친구 사례에서
A가 문제를 해결한 것처럼 말이다.

허먼의 전뇌 모형을 토대로 두뇌 유형을 구별한 신재한과 이은
정 저자는 이 영역의 특징을 논리적, 분석적, 적극적, 주도적이고
청각적 자극에 잘 반응하며 주변 사물이 정렬된 것을 선호한다고

했다. 또한 이 유형은 과거, 현재, 미래 등 장시간의 시간 인식이 가능하며 성공을 위해서는 어떤 희생도 감수할 준비가 되어 있다.

김영훈 박사의 저서 《두뇌성격이 아이 인생을 결정한다》에 의하면, 이성좌뇌형은 새로운 환경에 적응하는 데 시간이 오래 걸리는 특징을 보인다. 생각이 정리되지 않으면 행동하기 힘들며 자연스럽게 반응하고 감정 표현을 힘들어한다. 무슨 일이든지 먼저 자기의 내면을 정리하고 마음의 안정을 얻어야 다른 일을 추진하고 행동한다. 자신만의 원칙과 규칙을 중요시하는 이 유형은 성실하고 어려서부터 스스로 해내려는 의지와 책임감이 강한 특징이 있다. 하지만 원리 원칙을 지키다 보니 융통성이 부족하고 자기 절제가 심하기도 하다.

이성좌뇌형의 습관 만들기

이성좌뇌형은 습관을 만드는 데 뛰어난 능력이 있다고 볼 수 있다. 논리적이고 분석을 잘하기 때문에 자신의 문제가 무엇인지, 어떤 것이 부족한지 스스로 잘 파악하고 있다. 목표를 설정하고 계획을 세우는 데도 뛰어나다. 과거, 현재, 미래 등 장시간의 시간 인식이 가능해서 장기 계획, 월간 계획, 연간 계획, 세부 계획, 개별 계획을 잘 세운다. 숫자를 좋아하고 계산이 뛰어나기 때문에 목표와 계획을 세울 때도 숫자를 잘 활용한다. 무엇보다 책임감이 강하고 성실해서 다른 사람에게 의지하거나 도움을 받지 않아도 혼자서도 잘 실천하는 유형이다. 그래서인지 프로젝트 참가자 중에 이성좌뇌형의 비율이 가장 적었다.

각각의 유형별 특징과 장점, 주의할 점, 성공 전략은 3장에서 구체적으로 다룰 것이다.

감성좌뇌형
리더의뇌

강한 성취 욕구

감성좌뇌형(B)은 앞의 서로 다른 두뇌 유형의 네 친구 사례에서 B에 해당한다. B는 배가 고파서 밥을 먼저 먹고 싶었던 친구다. 다른 친구들도 배가 고플 것이라 판단했고 그 상태로는 아무리 재미있고 좋은 영화를 봐도 만족스럽지 않을 것 같았다. 그래서 친구들과 이야기를 시작하자마자 식당에 먼저 가야 한다고 자신의 주장을 강하게 내세웠다. 시간적인 여유 없이 영화를 예약한 C에게 싫은 소리도 했다.

감성좌뇌형은 자신이 옳다고 생각하는 것은 거침없이 표현하고 몰아붙인다. 그러나 다른 사람에게 인정받고 싶은 욕구가 강해서 자존감이 낮게 형성된 사람은 말이 없고 자기를 감추기도 한다. 또한 승부욕이 크고 책임감과 독립심이 강한 이들은 혼자서도 잘하지만 그룹에서는 리더가 될 때 더 신나게 할 수 있다. 따라서 그룹 활동이나 취미, 자기 계발 등의 모임 등을 할 때는 리더가 되는 것이 더 도움이 된다.

이 유형은 허먼의 전뇌 모형에서 좌하뇌에 해당한다. 좌뇌와 변연계(감정뇌)의 발달이 우수한 경우다. 가장 큰 특징은 '독립'이고, 한마디로 표현하면 '리더의 뇌'다. 허먼이 '보존적 자아'라고 명명한 이 유형은 매우 꼼꼼하여 다른 사람이 못 보고 지나친 것을 잘 찾으며 문제에 실제적으로 접근한다. 일관성이 뛰어나고 체계적이어서 자료 정리를 잘하며 무슨 일이든 자세한 계획과 절차를 세운다. 이들은 계획하고 감독하는 조직의 리더가 되고 싶어 하며 습관을 만들어 언제나 같은 방식을 따르고 늘 같은 생각을 한다.

불확실하거나 모호한 것을 싫어하고 일은 절차에 맞춰 제시간에 수행되어야 하며 약속한 것은 꼭 이행한다. 또 '시간은 돈이다'라는 생각을 한다.

이 영역을 감성좌뇌형이라고 칭한 김영훈 박사는 독립심이 강해 스스로 알아서 하는 특성이 있다고 했다. 명석하고 두뇌 회전이 빠르기 때문에 어떤 상황에서도 핵심을 파악하는 능력이 뛰어나며, 갈등을 조정하는 능력이 있다. 현실 감각이 뛰어나고 공부나 무슨 일이든 항상 철두철미하게 계획을 세워서 하므로 어릴 적부터 모범생들이 많다. 항상 객관적이고 완벽해서 때로 냉정해 보이지만 책임의식이 강하다는 의미다. 보통 또래 사이에 인기가 좋아서 대인관계가 넓고 리더십이 강해 어떤 집단에서든 리더가 되고 싶어 한다. 상대를 세심히 배려하고 예의 있게 대하지만 자기의 생각이나 감정을 거침없이 표현하고 목표지향적이며 적극적이다. 지나치게 솔직해 고집이 세 보이기도 하며 결과를 따지지 않고 덤빈다. 규칙이 모호하거나 불분명한 것을 견디지 못하고 겉으로 드러나는 성과를 중시하며 끈질긴 인내력과 결단력이 있다. 이 유형은 목표 세우기를 좋아하고 성취 욕구가 강해서 자기의 능력보다 더 높은 목표를 세워도 해내는 경우가 많다.

감성좌뇌형의 습관 만들기

감성좌뇌형은 습관을 만들 때도 철두철미하게 계획을 세우고 잘 지킨다. 습관 형성 프로젝트에 참여한 사람들 중 자신만의 루틴을 가장 잘 지키고 있는 유형은 감성좌뇌형이었다. 꾸준히 새벽 기상을 하거나 독서, 운동 등을 하고 있는 경우가 많았다.

나 역시 감성좌뇌형으로 이 유형이 갖는 특징이 대부분 있다. 학창 시절에도 부족한 과목과 해야 할 공부량을 파악해 철저한 계획을 세워서 공부했고 친구와 함께하기보다는 주로 혼자서 공부했다. 이 유형은 정해진 규칙이나 규율을 잘 지키고 공부도 잘하는 모범생들이 많다. 학교를 졸업하고 직장에 다닐 때도 운동, 외국어 공부, 독서 등 내가 하고 싶은 것들의 단기·장기 목표를 설정하고 실천해나가는 것을 좋아했다. 당시에는 몰랐는데 나의 두뇌 유형을 알고 나서부터는 그쪽으로 두뇌 우성을 갖고 있기 때문이라는 것을 알게 되었다. 지금도 누가 시키거나 권유하지도 않았는데 스스로 삶을 바꾸는 루틴들을 만들고 프로젝트 리더로서 신나게 운영하는 것을 보면 전형적인 감성좌뇌형이라고 할 수 있다.

이성우뇌형
예술가의 뇌

자신만의 독특한 세계관

앞의 네 친구들 사이에서 예술가 또는 몽상가라 불리는 C는 이성우뇌형 두뇌를 갖고 있다. 기다리던 영화가 개봉하자마자 친구들과 함께 보기 위해 약속을 잡았고 식사 시간을 고려하지 않은 영화 예약으로 감성좌뇌형인 B에게 한소리 들어야 했다. 이성우뇌형인 사람은 구체적이고 개별적인 것을 고려하기보다는 전체를 보고 때로는 비현실적이고 무모한 행동을 하기도 한다. 이성좌뇌형이 문제를 비판하고 분석하여 논리적으로 해결한다면, 이 유형은 직관적인 방법으로 해결하고 모험을 즐기기 때문에 더 좋은 방법이 있다면 과감하게 시도한다. 감성좌뇌형이 문제가 없다면 그대로 방치하는 것과 대조적이다.

올해 중학교 3학년인 큰아들이 이 유형으로 공부든 놀이든 무엇보다도 재미가 우선이다. 어릴 때부터 자신이 해야 할 일이라면 아무리 하기 싫어도 책임지고 해야 하는 감성좌뇌형인 나와 달리 재미가 없으면 하지 않는다. '시간이 금이다'라고 생각하는 나와는 시간에 대한 개념도 아예 다르다. 학교나 학원에 가는 등 정해진 시간을 잘 지키지 않고 매우 유연하게 대처한다. 나는 약속된 시간은 반드시 지켜야 한다고 생각해서 철저하게 교육을 시켰고, 어릴 때는 그럭저럭 시간을 잘 지켰다. 그런데 사춘기가 되고 나서 큰 변화가 없는 걸 보고 유형별로 타고난 기질과 서로 다름을 인정해야 했다.

이성우뇌형(C)은 허먼의 전뇌 모형에서 우뇌와 대뇌피질이 만나는 영역인 우상뇌에 해당한다. 실험적 자아인 이 영역을 나타내는 핵심 용어는 '시각화'이며 한마디로 '예술가의 뇌'다. 직관적이고 전체적이며 위험을 감수하는 유형이다. 이 유형의 관리자는 한 번에 여러 가지 방식으로 접근하며 개방적이고 덜 구조화되어 있다. 또 미래를 조망하며 근시안적인 해결책을 피하려는 것이 특징이다.

김영훈 박사는 이성우뇌형의 특징을 호기심이 많고 상상력이 풍부하며 창의적인 유형이라고 했다. 스스로 높은 이상을 갖고 있어 자신이 특별하고 예외적인 존재라고 생각해 규칙을 지키지 않기도 한다. 활동적이고 산만하며 집중력이 낮아 어릴 적 학교 성적도 별로 좋지 않은 경우가 많다. 이성우뇌형이 어릴 적에는 부모나 어른들에게 빈정거리거나 반항하는 경향을 보인다. 자신보다 강한 사람들을 경계하면서 그들의 권위에 의문을 제기하고 반발하기도 한다. 주관이 뚜렷하고 세상의 큰 흐름이나 원칙은 중요시하지만 개개인의 감정과 같은 세부적인 것은 그다지 중요하지 않다.

고집이 있고 자기주장이 강해 독선적이라는 평을 받는다. 누가 시키거나 강요한다고 해서 자신의 주장이나 생각을 포기하는 법도 없다. 어디에든 구속되기를 싫어하고 규칙이나 관습에 얽매이지 않고 행동하기 때문에 행동이나 말이 거칠거나 특이해 보이기도 한다.

이성우뇌형의 습관 만들기

이성우뇌형은 좌뇌형과 달리 규칙적인 습관을 만들고 지키는 것이 어렵다. 산만하고 시간에 대한 개념이 약하기 때문에 어찌 보면 루틴을 지키기 가장 어려운 유형이라고 할 수 있다. 그럼에도 불구하고 프로젝트 지원자 중에 이 유형은 거의 찾아보기 힘들다. 규칙에 얽매이기 싫어하므로 습관을 만들어야겠다는 필요성을 아예 못 느끼는 경우가 많다.

게다가 무엇을 하든 자신의 재미가 우선이기 때문에 매일 반복되는 일상 속 루틴이 지루하고 견디기 어려워서 시도 자체를 안 한다고 볼 수 있다. 그나마 자신의 약점을 인식하고 규칙적인 생활습관과 시간 관리를 원하는 사람은 강제로 할 수밖에 없는 환경에 들어가기도 한다. 하지만 이들은 자신이 흥미 있는 것이나 꽂히는 것에만 열과 성을 다하므로 어느 집단에서든 열심히 하는 모범생 유형은 아니다.

감성우뇌형
천사의뇌

풍부한 감수성

네 명의 친구 이야기에서 감성우뇌형인 D는 평소 상냥하고 싹싹한 친구다. 친구들이 서로 자기의 주장을 내세울 때도 가만히 지켜보며 "나는 뭐든 다 좋아"라고 웃으며 말했다. 영화를 먼저 보든 밥을 먼저 먹든 상관이 없었는데, 어떤 것을 하더라도 친구들과 함께여서 좋았기 때문이다. 감성우뇌형은 감정이 풍부하고 사람의 마음을 잘 읽으며 직감이 좋아 주위 사람의 기분을 잘 파악해 대처한다. 친구들의 의견 대립이 있을 때도 주로 지켜보면서 각자의 기분을 헤아리려고 노력한다. 다만 이 유형은 마음이 예민하고 감정 기복이 심하다는 단점이 있다.

주변에 보면 감성우뇌형인 사람이 꽤 많다. 대인관계의 폭이 가장 넓은 유형으로 친구가 많은 편이다. 그러나 마음을 터놓고 지내는 친한 친구는 다른 두뇌 유형과 마찬가지로 소수다. 누구에게나 친절하고 상냥해 천사 같은 사람으로 인정받기도 한다. 지인 중에 이 유형인 사람이 있는데 30년 넘은 모임을 몇 개나 유지하고 있다고 해서 깜짝 놀란 적도 있다.

감성우뇌형(D)은 허먼의 전뇌 모형에서 우뇌와 대뇌변연계가 만나는 영역인 우하뇌에 해당한다. '천사의 뇌'라고 불리며 '감정'이 가장 큰 특징이다. 감정적 자아인 이 영역은 표현적이고 오감을 사용한 자극을 담당한다. 개인보다는 팀 지향적이고 사람이 가장 중요한 자산이라고 여기며 인간의 가치와 감정을 중요시한다. 일할 때는 친근하고 우호적인 환경을 좋아하며 대인관계가 좋은 편이다. 그래서 다른 사람과 협력해 상호작용을 잘하며 자신의 생각과 감정을 잘 표현한다.

김영훈 박사는 이 유형의 특징을 섬세하고 예술적 감수성이 뛰어나다고 했다. 그만큼 감정 기복이 심해 즐겁게 지내다가도 쉽게 우울해지기도 한다. 감동을 갈망해서 현실을 무시하거나, 생각하고 판단하는 것을 싫어해 자신을 객관적으로 파악하지 못하는 경우도 있다. 하지만 감정이 풍부하고 사람의 마음을 잘 읽고 직감이 예리해서 주위 사람의 기분을 파악하고 대처하는 능력이 뛰어나다.

이 유형은 감정에 의존하고 인간관계를 중시하기 때문에 가까운 사람에게 감정을 토로할 수 있어야 하고 물질적인 보상보다는 진심 어린 마음의 표현을 더 좋아한다. 뒹굴거나 잠자고 먹는 것 같은 감각적인 쾌락을 즐겨서 지나치게 편한 것을 추구하다 보니 게으르고 소극적인 경우도 있다. 공부를 게을리하거나 어려운 일이 생기면 무작정 미뤄두기도 한다. 무언가를 시작하기까지 시간이 많이 걸리는 편이며, 에너지는 많지만 예상치 못한 외부 변화를 겁내기 때문에 집 안에 있는 것을 좋아한다. 또 직관력이 강하고 이해력이 높아서 관심 있는 일에는 무섭게 몰두하며 시작은 늦지만 일단 시작하면 일사천리로 일을 끝마친다.

감성우뇌형의 습관 만들기

습관 형성 프로젝트 참가자 중 가장 많은 유형이 바로 감성우뇌형으로, 항상 70% 이상의 비율을 차지한다. 새로운 기수를 시작할 때마다 한 가지 유형이 유난히 많은 것에 다들 신기해하는데 유형별 특징을 알려주면 바로 수긍한다. 그리고 자신들이 그동안 왜 규칙적인 생활습관을 어려워했는지 비로소 이해하게 된다. 감성우뇌형은 네 가지 유형 중에 루틴 만들기가 가장 어렵고 힘든 유형이라고 할 수 있다. 하지만 이들은 이성우뇌형과 달리 자신의 약점을 인정하고 보완하기 위한 노력을 더 하는 편이다. 그것이 프로젝트 참가자들 중 가장 큰 비율을 차지하는 이유다. 이들은 그룹 속에서 어느 유형보다도 활발히 교류하고 소통하며 열심히 한다. 일종의 분위기 메이커 역할도 해내는 유형이다.

이상으로 네 가지 두뇌 유형을 살펴보았다. 유형별 특징 중에 자신과 맞지 않는 부분도 있을 것이다. 앞서 밝혔듯이 한 가지 기질만 가지고 있는 사람은 없고 상황에 따라 다르게 나타날 수도 있기 때문에 참고하길 바란다.

다음 장에서는 각각 유형별로 주의할 점과 어떻게 하면 성공적으로 브레인 루틴을 만들 수 있는지 유형별 성공 전략을 살펴보기로 한다.

3장

두뇌 유형별 루틴 만들기

Brain
Routine

똑녀똑남
프로젝트

무엇이 나를 변하게 했을까

나는 의외로 무언가를 오랫동안 지속하지 못한다. 호기심과 열정으로 시작은 잘하지만 끈기 있게 하지 못하는 것이 최대 단점이었다. 항상 하고 싶은 것이 많고 배우고 싶은 것이 많다 보니 여기저기 기웃거렸다. 그 과정에서 무의식중에 '나는 무언가를 오래 하지 못하는 사람'이라는 고정관념을 스스로 심어놓은 것 같다. 즉 나는 작심삼일과 굉장히 친한 사이였다. 최근에 나를 알게 된 사람들은 이런 이야기를 하면 전혀 믿지 않는다. 그럼 그 많은 것들을 오랫동안 해내는 끈기는 대체 어디서 왔냐며 신기해한다. 그만큼 내가 변화했다는 의미일까? 그렇다면 무엇이 나를 변하게 했을까?

변화의 시작은 나를 작가로 만들어준 《일류 두뇌》를 쓰기 시작한 순간이다. 일부러 습관을 만들기 위해 한 것이 아니라 그동안 하고 싶었지만 하지 못했던 일들을 매일 그냥 했을 뿐이다. 10년 동안 장애아를 키우면서 하고 싶은 일이 얼마나 많았는지 모른다. 그렇지만 그 긴 세월 동안 나는 잘 참아냈고 반드시 좋은 날이 올 거라는 확신이 있었다. 무엇보다도 나의 뇌를 믿었다. 건강하기만 하면 언제든지 나의 가치를 실현할 날이 올 거라는 믿음이 있었다. 돌이켜보면 길고 힘들었던 10년의 세월이 나를 더욱 단단하게 만들어준 것 같다. '간절히 원하면 이루어진다'고 원하는 바를 끝까지 놓치지 않았기에 가능했다. 오래전부터 나는 책을 쓰고 싶었고 넘치는 열정과 에너지를 표출하고 싶었으며 더 많은 사람들과 나누고 싶었고 사람들을 변화시키고 싶었다.

학창 시절부터 친구들은 날 보면 자극을 받는다고 했다. 공부, 운동, 놀기 등 뭐든지 열심히 했는데 말 한번 섞지 않았던 친구들로부터 편지를 자주 받았다. 다른 아이들과 눈빛이 다르다며 친해지고 싶다는 내용이 대부분이었다. 회사에 들어가서도 그랬고 결혼 후 육아만 하던 시절에도 주위 엄마들이 그랬다. 그렇다. 나는 직접 실천하고 행동함으로써 사람들에게 동기부여를 하는 능력이 있는 사람이었다. 그러니 있는 그대로의 나를 보여주고 내가 하는 것들을 알려줌으로써 사람들을 변화시킬 수 있다면 좋겠다는 생각이 들었다. 그동안은 '나만 잘하면 되지'라는 생각으로 매사에 성실하게 살아왔다. 학창 시절엔 공부를 위해 친구 관계를 끊어낼 만큼 지독했다. 친해지고 싶다는 편지를 받고도 묵묵부답이었던 적이 대부분이었다. 성인이 되어서도 나의 긍정적인 에너지를 해치는 사람과는 과감하게 인연을 끊었다. 어찌 보면 꽤 이기적인 사람이다.

남녀노소 불문하고 똑똑하고 여유 있게

매달 온라인으로 진행되는 습관 형성 프로젝트를 통해 내 인생에서 처음으로 남을 도와주고 타인을 변화시키며 사는 삶이 어떤 것인지 그 참맛을 알게 되었다. 물론 십수 년간 강의를 하며 좋은 정보를 주고 나의 가치를 발견하고 행복해지는 경험을 무수히 해왔다. 그런데 비록 온라인이지만 여러 사람과 소통하고 연결되어 지속적으로 선한 영향력을 미친다는 사실은 또 다른 경험이었다.

똑녀똑남 프로젝트! 똑똑한 사람만 참여하는 건가? 아니면 똑똑한 사람이 되자는 건가?

이 프로젝트는 나의 지식과 직접 터득한 노하우를 온라인상에서 사람들과 나누는 과정에서 탄생했다. SNS를 하다 보니 '새벽 기상이 가장 어렵다', '다이어트에 또 실패했다', '책 읽을 시간이 없다', '시간 관리가 안 된다' 등의 이야기를 자주 접했다. 뇌를 알고 뇌를 잘 쓰면 누구나 쉽게 좋은 습관을 들일 수 있는데 안타까웠다. 그래서 시작한 것이 바로 두뇌 유형별로 전략을 세워 실천하는 똑녀똑남 프로젝트였다. 그동안 열심히 힘들게만 해왔다면, 이제

'똑똑하고 여유 있게, 똑똑하고 남다르게 해보자'라는 의미가 담겨 있다.

처음엔 똑녀 프로젝트였는데 제1기 모집 과정에서 한 남성분이 "여자만 하는 건가요?"라는 질문을 했다. 그때까지 주요 타깃으로 삼은 고객이 30~40대 여성이어서 프로젝트 명칭에 흡족해하고 있었는데 그 질문을 듣는 순간 '아차' 싶었다. 작심삼일과 인연을 끊고 싶은 사람은 남녀노소 불문일 텐데 말이다. 그래서 '똑녀똑남 프로젝트'로 이름을 바꾸고 4주 단위로 매달 모집하고 있다. 여자만 하는 거냐고 질문해주신 분에게 이 자리를 빌어 감사의 인사를 전한다.

쉽고 즐겁게 루틴을 만드는 두 가지 비결

처음 루틴을 만들 때는 내가 잘하는 것과 내가 행복해지는 일을 습관으로 만드는 것이 좋다. 이것이 쉽고 즐겁게 습관을 들이는 첫 번째 비결이다. 나는 사람들에게 나의 이야기를 하는 것을 좋아하고 그것을 통해 사람들이 변화하는 것에 행복을 느낀다. 그래서 책과 강의를 통해 내 이야기를 하고 사람들을 도와주고 싶기에 지금도 매일 새벽에 일어나 글을 쓴다. 나이가 들어서도 좋아하는 일을 계속하고 싶어서 매일 운동을 하고 더 많이 베풀고 나누고 싶어서 부자가 되려고 노력한다. 장애아 부모를 무료로 교육하는 기관을 만들려는 목표가 있기에 지금의 짠순이 생활도 행복하기만 하다.

습관 만들기에 목표를 두기보다 나의 꿈과 비전에 습관이 도움이 되도록 해야 한다. 이것이 오랫동안 지속할 수 있는 두 번째 비결이다. 자신이 원하는 일을 이루기 위해 계획하고 매일의 일정을 짜놓은 결과물이 루틴으로 나와야 한다. 단순히 좋은 습관을 만들기 위해서라면 몇 개월 몇 년 동안 유지하기란 쉽지 않다. 따라서 어떤 습관을 만들지 계획하기 전에 우선 5년 뒤, 10년 뒤 내가 원하는 모습을 구체적으로 그려보길 바란다. 그 모습이 되기 위해서 올해, 이번 달, 이번 주, 오늘 내가 해야 할 일이 무엇인지 계획하고 실천해나가면 된다. 나무가 아니라 큰 숲을 보는 것이다.

당신도 자신의 뇌를 믿고 뇌를 잘 써서 이 책의 지침대로 브레인 루틴을 만들어 매일 실천해보길 바란다. 자신의 두뇌 유형을 알고 뇌의 작동원리를 이해하여 전략을 세워 실천하면 어떤 것이든 힘들지 않고 쉽게 해낼 수 있다. 하나가 확실하게 성공하면 그다음부터는 식은 죽 먹기다.

내가 원하는 삶과 성공하는 삶은 먼 곳에 있지 않다. 자신의 뇌만 잘 경영해도 원하는 것을 더 쉽게 이룰 수 있다. 똑똑하고 여유 있게, 똑똑하고 남다르게 하다 보면 반드시 이루어진다. 매일 해내는 일상적인 습관 속에 당신의 성공과 행복한 인생이 있다.

브레인루틴
시트지작성법

목표와 계획을 세우고 체크하기

자동차나 배, 비행기가 목적지까지 가려면 반드시 지도가 필요하다. 지도에 표시된 정확한 길과 방향대로 가면 쉽게 도착할 수 있는 곳을 지도 없이 가려면 시간이 오래 걸릴 뿐만 아니라 길을 헤매다 목적지까지 가는 것을 포기할 수도 있다. 가능한 한 빠르고 정확한 길을 알려주는 지도가 좋다. 잘못된 지도는 지도가 없는 것과 다를 바 없기 때문이다.

목표를 정하고 계획을 세우는 일은 지도를 만드는 과정이다. 계획표대로 실천하는 일은 그 지도를 가지고 목적지까지 가는 여정이다. 이 여정은 생각보다 훨씬 어렵다. 이 여정이 쉽다면 그토록 많은 사람들이 습관 만들기를 어려워하지 않을 것이다. 머릿속에서만 생각하고 실천하리라 다짐하면 작심삼일로 끝나버린다.

이름					두뇌 유형			
달성 목표								
습관 목표								

실행했으면 O, 못했으면 X, 조금이라도 했으면 △

월								

월								

월								

플래너나 다이어리에 원하는 목표를 적어놓기만 해도 작심삼일이 될 우려가 있다. 명확한 목표에는 거기에 도달하기 위한 구체적인 안내서, 즉 지도가 꼭 필요하다. 이 책에 제시된 시트지는 당신이 브레인 루틴을 만들고 실천할 때 제대로 된 지도 역할을 할 것이다.

달성 목표와 습관 목표

시트지의 가장 윗부분에는 달성 목표와 습관 목표를 적는다. 달성 목표는 달성하면 끝이 나는 목표이고, 습관 목표는 달성 목표를 위해 매일 해야 할 습관이다. 달성 목표에는 연 목표를 적고, 습관 목표에는 일일 계획을 적는다. 예를 들어 달성 목표는 10kg 감량, 토익 점수 900점, 독서 50권, 블로그 이웃 만 명 달성과 같은 것이다. 달성 목표가 10kg 감량이라면, 이를 이루기 위한 습관 목표로는 매일 한 시간 홈트나 만보 걷기 등을 적는다. 달성 목표가 독서 50권이면, 습관 목표로 하루에 50페이지 읽기 등을 적는다.

이때 언제 얼마 동안 할지 시간도 명시하는 것이 좋다. 시간을 정해놓지 않으면 다른 일들에 치여 하루를 보내다가 못하게 되고 계속 미루기 때문이다. 참가자들도 하루 중 언제 할지 시간 계획이 없었던 사람은 자신의 목표를 못 지키는 경우가 많았다.

달성 목표를 세울 때는 일 년을 놓고 시기별로 단기·중기·장기 목표로 나눠서 세우는 것이 좋다. 토익 점수를 3개월 안에 700점대로 올리고 한 달에 30~40점씩 올려서 6개월 안에 800점대를 만들고 1년 안에 900점대를 달성하는 식으로 말이다. 습관 목표는 거기에 따라 조금씩 바꾸면 된다. 이렇게 하면 한 장의 종이에 일년, 한 달, 일주일, 매일의 목표와 계획이 다 들어가게 된다.

이제 목표를 세웠으면 아래 부분에는 날짜를 적는다. 날짜마다 습관 목표를 주별로 적는다. 예를 들어 달성 목표가 새벽 기상 5시라면 이번 주에는 6시 반 기상, 그다음 주는 6시 기상으로 적는다.

매일 홈트레이닝을 한다면 오늘은 전신 운동을 하고 다음 날은 상체 운동, 그다음 날은 하체 운동, 이렇게 매일 그날 해야 할 루틴을 적으면 된다. 독서의 경우에는 책 이름을 적고, 정리정돈의 경우에는 하루에 15분 물건별로 정리 또는 오늘은 방, 다음 날은 거실, 그다음은 주방, 베란다 식으로 적는다. 그리고 회색칸 부분에서 실천 여부를 체크한다. 잘 지켰으면 ○, 못 지켰으면 ×, 조금이라도 했으면 △로 체크하면 된다.

실제 참가자가 작성한 시트지를 참고해보자.

| 브레인 루틴 시트지 예시 |

이름				두뇌 유형	D(감성우뇌형)	
달성 목표	책 50권 읽기					
	새벽 기상 5시					
	감정 조절하기					
습관 목표	주 5일 30분씩 독서(책 100쪽 읽기), 기상 후 독서 30분					
	최종 5시 기상을 목표로 기상, 기상 후 브레인 명상, 음양탕 한 잔씩 마시기					
	잠들기 전 화일기, 감사일기 쓰기					
실행했으면 ○, 못했으면 ×, 조금이라도 했으면 △						
3월	1	부자아빠		7시 기상	감정일기	브레인 명상
	2	부자아빠		7시 기상	감정일기	브레인 명상
	3	부자아빠		7시 기상	감정일기	브레인 명상
	4	부자아빠		7시 기상	감정일기	브레인 명상
	5	부자아빠		7시 기상	감정일기	브레인 명상
	6	부자아빠		7시 기상	감정일기	브레인 명상
	7	부자아빠		7시 기상	감정일기	브레인 명상
3월	8	타인		6:30 기상	감정일기	브레인 명상
	9	타인		6:30 기상	감정일기	브레인 명상
	10	타인		6:30 기상	감정일기	브레인 명상
	11	타인		6:30 기상	감정일기	브레인 명상
	12	타인		6:30 기상	감정일기	브레인 명상
	13	타인		6:30 기상	감정일기	브레인 명상
	14	타인		6:30 기상	감정일기	브레인 명상
3월	15	오늘부터		6:00 기상	감정일기	브레인 명상
	16	오늘부터		6:00 기상	감정일기	브레인 명상
	17	오늘부터		6:00 기상	감정일기	브레인 명상
	18	오늘부터		6:00 기상	감정일기	브레인 명상
	19	오늘부터		6:00 기상	감정일기	브레인 명상
	20	오늘부터		6:00 기상	감정일기	브레인 명상
	21	오늘부터		6:00 기상	감정일기	브레인 명상

* 표 안의 '부자아빠'는 《부자 아빠 가난한 아빠》, '타인'은 《타인을 읽는 말》, '오늘부터'는 《오늘부터 웃으며 거절할게요》를 의미함.

피드백 및 수정

매일 달성 여부를 체크한 후에는 일주일 뒤에 시트지를 보면서 스스로 피드백을 한다. 잘되는 것은 유지하거나 조금 더 업그레이드하면 된다. 그런데 4일 이상 × 표시인 것이 있다면 조금 더 쉽게 이룰 수 있는 것으로 수정한다. 예를 들어 매일 만 보 걷기였다면 주 3회 만 보 걷기나 매일 5천 보 걷기 정도로 줄이는 것이다. 일주일 내내 X라면 반드시 수정해야 한다. 매번 못 하는 이유는 무엇인지, 방해물은 없는지 살펴보고 해결책을 찾았다면 일주일 정도 더 해보는 것도 좋은 방법이다. 그렇지 않다면 과도한 목표일 우려가 있으므로 수정하는 것이 좋다. 만약 △가 여러 개라면 ○가 되기 위한 방법을 떠올리고 보완해서 실시한다.

목표와 계획은 고정불변이 아니고 언제든지 수정할 수 있다. 처음부터 나에게 딱 맞는 완벽한 지도를 만드는 것은 쉬운 일은 아니다. 하지만 한두 달 정도만 해보면 누구나 쉽게 할 수 있게 된다. 이런 방법으로 일주일 간격으로 피드백과 수정을 하고 한 달 후에는 그달을 돌아보며 다음 한 달을 계획한다. 항상 연 달성 목표인 큰 그림을 보고 서서히 그리고 꾸준히 가야 한다는 것을 명심하자.

이성좌뇌형의
브레인 루틴

이성좌뇌형의 특장점과 주의할 점

이성좌뇌형의 특징과 장점

이성좌뇌형은 매일 일정하게 반복되는 루틴도 대체로 자연스럽고 즐겁게 받아들이는 유형이다. 이들이 가장 잘하는 것은 분석으로, 자신의 문제 역시 비판적으로 분석하고 논리적인 해결책을 찾는 능력이 뛰어나다. 자신의 문제점을 잘 알고 부족한 부분도 스스로 찾아서 그에 맞는 목표와 계획을 잘 세운다. 또 숫자에 익숙하고 예민하므로 숫자를 이용한 확실한 목표가 있을 때 의지를 더 낼 수 있다.

목표를 세우고 의사결정을 잘하는 이성좌뇌형은 대체로 선택하는 연습이 잘 되어 있다. 자신에게 맞는 것을 선택해서 철저한 계획을 세우므로 실행력만 있다면 짧은 시간 안에 큰 변화를 볼 수 있는 유형이다.

이들은 프로젝트에서도 모범생의 면모를 보여줬다. 매일 목표 대로 실시하고 인증을 하는데 한 달 내내 매일 인증하는 것은 물론 거의 다 동그라미로 체크한 경우가 많았다. 자기 관리와 계발을 스스로 잘하는 사람이 많다. 오히려 너무 철저하게 자신이 정한 계획에 따르려다 보면 길고 쉽지 않은 습관 형성 여정에서 지칠 우려가 있다.

이성좌뇌형인 한 50대 남성의 사례를 예로 들면, 그분은 처음 프로젝트를 시작했을 때부터 묵묵히 루틴을 잘 지키고 인증도 빼먹지 않았다. 독서와 운동량을 늘리기 위해 계획을 세우고 꾸준히 실천했는데 스스로 자신의 문제점을 잘 진단하고 있었다. 다만 근육 운동을 하기 싫어 하고 독서 후에 실생활이나 업무에 적용하지 않는 것이 문제였다. 코칭이나 상담을 하다 보면 자신이 무엇을 하고 싶은지 문제점이나 방해물이 무엇인지 모르는 경우가 꽤 많다.

그런 경우에는 자신에게 필요하고 맞는 루틴을 만드는 데 어려움이 있다. 그런데 이성좌뇌형은 분명한 목표를 설정하고 자신이 부족한 부분도 잘 알고 있어서 해결책을 찾는 것도 쉽다. 이 남성은 적절한 코칭으로 자신의 한계와 문제점을 극복하고 원하는 습관을 만들어 눈에 띄는 변화를 경험하고 있다.

대표적인 이성좌뇌형 인물로는 빌 게이츠가 있다. 빌 게이츠는 엄청난 재산으로 '빌 앤 멜린다 게이츠 재단'을 설립해 자선활동을 벌이는데 해마다 수십만 명의 목숨을 구하고 있다. 그는 부모님의 영향을 받아 자신만의 원칙과 가치를 만들어 전 세계에 전파하고 있다. 부유한 미 서부 명문가인 그의 가문은 '부자가 욕심을 부리면 미국의 빈부격차가 점점 심해져 자본주의와 민주주의가 망한다', '이웃에 대한 책임감이 세상을 살기 좋게 바꿀 수 있다' 등의 신념이 있었다.

이성좌뇌형은 완벽하고 바르게 살아가려고 행동하기 때문에 빌 게이츠처럼 높은 이상이나 올바른 길을 정했을 때 그 기준에 따라 일관성 있게 행동할 수 있다.

이성좌뇌형이 주의할 점

이성좌뇌형이 똑똑하고 여유 있게 습관을 만들기 위해서는 자기 자신을 잘 분석하고 비판해야 한다. 지금 나에게 필요한 것과 부족한 것이 무엇인지, 어떻게 하면 이룰 수 있을지 분석하는 것이다. 루틴을 실천하는 과정에서도 지속적인 점검과 비판이 필요하다. 이 유형은 자신만의 방식대로 문제를 해결하므로 브레인 루틴 역시 남들을 따라 하기보다는 나만의 방식을 찾아 실천해나가면 된다. 또 그룹을 만들어 다른 사람과 함께하는 대신 혼자서 목표와 계획을 세워서 하는 것이 더 좋다.

이성좌뇌형은 특히 자신의 생각이 정리되지 않으면 행동하기 힘들어한다. 사고를 많이 하기 때문에 생각이 너무 많아서 행동에 제약을 받는 것이다. 무슨 일이든지 먼저 자기의 내면을 정리하고 마음의 안정을 얻어야 다른 일을 추진하고 행동할 수 있다. 그래서 자신이 잘 모르고 확실하지 않은 것에는 움직이지 않는다.

새로운 것을 시도할 때도 먼저 어떤 것인지 정확하게 이해해야 하며 자신에게 적합한 것인지 철저하게 따져본다. 이들은 무엇이든 논리적·이성적인 이해가 선행돼야 하기 때문에 먼저 자신이 왜 루틴을 만들려고 하는지부터 고민하고 분석해야 한다.

이성좌뇌형은 하루하루의 루틴에 집착하기보다는 미래에 대한 큰 그림을 그려야 한다. 빌 게이츠는 매년 두 번씩 작은 별장에서 일주일간 칩거하며 미래를 구상했다고 한다. 그는 "매일 아침 눈 뜨는 순간 혁신을 생각해야 한다. 일하러 오는 것이 그렇게 즐거울 수가 없다. 내가 할 일과 개발할 기술이 인류의 삶을 변화시킨다는 생각을 하면 더없이 흥분되고 에너지가 넘친다"고 했다.

그는 이성좌뇌형임에도 불구하고 매일 자신이 무엇을 하는지, 어떻게 살아갈 것인지 고뇌하며 스스로 단련시켜 놀라운 추진력을 보여줬다. 따라서 이성좌뇌형에게 부족한 추진력을 얻기 위해서는 큰 비전을 가지고 내면을 성찰해 마음을 단련하는 명상을 매일 하는 것이 좋다.

이 유형은 원리원칙을 지키다 보니 융통성이 부족해서 자기 절제가 심하다. 브레인 루틴은 여유 있는 삶을 추구하므로 자기 자신에게 너무 엄격하면 안 된다. 스트레스를 줄임으로써 뇌의 잠재력을 최대한 키우기 위한 것이다.

따라서 자신이 세운 목표와 계획에 어긋나더라도 다시 상황에 맞게 고쳐서 적용하는 융통성을 가져야 한다. 이들은 한 번 정한 목표와 계획을 고수하려 하는데 일주일 또는 한 달 단위로 수정해 나가는 것이 좋다. 또 늘 경직되어 있기 쉬운데, 놀 땐 놀고 쉴 땐 쉬는 여유가 필요하다. 가끔은 자신이 정한 규칙과 계획에서 벗어날 줄 알아야 틀에 박힌 사고를 피할 수 있다.

각각 유형별로 강점은 활용하고 약점에 주의하면 똑똑하고 여유 있게, 똑똑하고 남다르게 해내는 브레인 루틴을 만들 수 있다.

이성좌뇌형의 성공 전략 1 - 완벽주의를 버리자

완벽주의란

서울대사범대학교육연구소에서 발행된 《교육학용어사전》에 의하면 완벽주의(perfectionism)란 모든 것을 완벽하게 함으로써 자신에게 돌아올지도 모르는 비난이나 비평을 면하려는 심리적 방어기제를 의미한다.

좌뇌형은 완벽주의 성향이 강하다. 그래서 사전에 모든 일을 분석하고 계획을 세운다. 이들은 끊임없이 노력하면 보다 완벽한 상태가 된다고 믿기에 모범생 소리를 자주 듣는다. 무슨 일이든 완벽하게 해내려고 해서 엄청난 노력과 정성을 쏟아 좋은 결과를 끌어내는 능력이 있다. 그러나 이들은 타인이 보기에는 훌륭한데도 자신의 기준에 미치지 않으면 스스로를 폄하하는 기질을 보이기도 한다.

이들 중 일부는 어떤 일이든 미리 준비가 되어 있지 않으면 불안해하고 완벽하게 수행하지 못할 만한 일은 아예 시작조차 하지 않는 사람도 있다. 두뇌 회전이 빠르고 판단력도 좋지만 자신이 남들보다 부족하다고 생각하는 사람이 대부분이다. 타인에게는 뛰어난 두뇌를 가진 우수한 인재로 보이지만 정작 본인은 자신에게 만족하지 못하고 정신적 갈등과 고통을 겪기도 한다.

완벽주의자가 성공하기 힘든 이유

완벽주의자들은 자신을 끊임없이 채찍질하여 계속해서 발전시키기 위해 과도하게 높은 목표를 잡을 우려가 있다. 이런 경향에는 긍정적인 측면과 부정적인 측면이 동시에 있다. 달성 시에는 좋은 결과는 물론이고 자아존중감과 성취감이 향상된다. 그러나 완벽주의 성향이 강할수록 과도한 목표와 기준을 설정해놓고 거기에 도달하려고 노력하기 때문에 심리적으로 불안이나 우울, 스트레스 상태를 종종 보이고, 스스로 비난하거나 부정적으로 평가한다. 또 경쟁에 집착하여 타인과 비교하고 고통스러워한다.

주변에 보면 완벽주의자들이 꽤 많다. 나 역시 완벽주의 성향이 강하다. 무엇이든지 철저하게 준비해야 하고 완벽하지 않아서 시작조차 못한 것들이 무수히 많다. 하지만 시대가 급변하고 있고 특히 코로나 사태로 인해 온라인 세상은 혁명이라 일컬을 정도로 빠른 변화를 보이고 있다. 시대의 변화가 지금처럼 빠르지 않았을 때는 완벽한 준비와 그에 따른 성과가 충분히 가능했고 오랜 기간 준비해온 완벽주의자들이 성공하는 시대였다.

김난도 교수의 《트렌드 코리아 2021》에 따르면, '바이러스가 바꾼 것은 방향이 아니라 속도'라고 한다. 3년에 걸쳐 일어날 변화가 6개월 만에 이뤄졌다는 것이다. 더 빠르다고 말하는 전문가들도 있다. 급변하는 세상 속에서 트렌드에 대한 대응 속도 역시 빨라질 수밖에 없다. 결국 완벽주의가 설 자리는 점점 사라진다. 완벽하게 준비하다 보면 이미 시장의 트렌드는 변해 있고, 나보다 발 빠른 누군가가 내가 하려는 것을 선점하고 있다. 완벽한 준비와 계획보다는 빠른 실행력이 더 요구된다는 의미다.

브레인 루틴은 다른 누구와도 아닌 자기 자신과의 싸움이다. 남을 이기려고 하면 끊임없이 비교하게 되고 불행할 수밖에 없다. 타인과 비교하여 열등감이나 우월감을 느끼는 대신 자신의 과거와 비교해야 한다. 어제의 나보다 더 나은 오늘의 나와 경쟁하고, 오늘보다 더 나은 미래의 나와 경쟁하는 것이다.

이때 주의할 점은 너무 높은 목표를 설정하면 안 된다는 것이다. 매일 밥 먹듯이 자연스럽고 편안하게 루틴을 해나가려면 작은 것 하나라도 성취감을 느끼며 꾸준히 지속하는 것이 좋다.

예를 들어 하루에 2L 물마시기를 매일 실천하면 살이 빠지고 피부도 좋아지게 된다. 무엇보다도 쉽지만 실천하기 어려운 일을 계속 해낸다는 성취감과 만족감이 매우 크다.

완벽주의에서 벗어나려면

완벽주의에서 벗어나기 위해서는 가끔 준비 없이 무작정 여행을 떠나보는 것이 좋다. 어디로 가야 할지 가서 무엇을 할지 정하지 말고 즉흥적으로 떠나는 것이다. 그리고 계획에 없었던 일들을 무작정 시도해보자. 미처 준비가 안 되어 있어도 일단 시도해보면 실행력도 키울 수 있다. 어느 정도 가능성과 자신감만 있다면 하면서 계획을 세우고 방법을 보완해도 충분하다.

프로젝트를 하다 보면, 완벽주의자들은 1년 365일 철저하게 루틴을 지키려고 하는데 이는 바람직하지 않다. 나는 여행을 가거나 명절 때 또는 모임에서 음주를 하거나 늦게 잤을 경우에는 새벽 기상과 글쓰기, 운동을 하지 않는다. 그때는 마음 편하게 늦잠을 자고 스트레칭 정도나 하며 실컷 게으름을 피운다.

완벽주의자들은 자신이 루틴을 지키지 않으면 죄책감과 불안을 느끼는데 이때가 중요하다. 나도 처음엔 루틴을 지키지 못한 날은 괴롭고 의욕이 사라지곤 했다. 2~3일 지속되는 날이면 '이거 또 실패하겠네'라며 자기 부정감에 빠지기도 했다. 하지만 루틴을 지키지 못한 날이나 여러 가지 루틴 중에 1~2개를 지키지 못했을 때 '괜찮아, 나에겐 내일이 있잖아. 내일은 오늘과 완전히 다르게 살 수 있어'라며 스스로 격려했다. 매일 열심히 노력하기 때문에 하루나 며칠 정도는 휴식과 충전이 필요하다는 여유를 가져야 자기 부정감에 빠지지 않는다.

프로젝트 참가자들은 두뇌 유형을 불문하고 다수가 완벽주의 성향을 보였다. 주로 그런 성향을 가진 사람들이 철저한 시간 관리와 자기 관리를 원하기 때문이기도 하다. 완벽주의자들은 조급증도 조심해야 한다. 작은 변화에 만족하지 못하고 짧은 시간에 획기적인 변화를 기대하면 안 된다. 열심히 했으니 눈에 띄는 결과가 바로 나와야 한다고 생각하겠지만, 수년 혹은 수십 년 동안 갖고 있던 습관이 어떻게 단 한 달 만에 갑자기 바뀔 수 있단 말인가?!

완벽주의는 잠재력이 제대로 발휘되지 못하도록 막는다. 제대로 된 성과가 나오지 않을까 봐 아에 시도 자체를 안 한다면, 실제로 부딪히면서 피드백이나 조언, 아이디어 등을 얻을 기회가 없다. 변화하고 성장하기 위해서는 끊임없는 시도와 피드백으로 보다 나은 방향성을 찾아가는 과정이 반드시 필요하다.

완벽주의 성향이 강한 사람은 실패를 두려워하고 자신의 실패를 인정하기 싫어한다. 하지만 실패 없는 성공은 모래성과 같아서 언제든 쉽게 무너질 우려가 있다. 반면 넘어지고 또 넘어져서 크고 작은 실패를 발판으로 일어선 사람은 웬만해서는 끄떡도 하지 않는다. 그러니 가능한 많이 실패를 경험하자.

성공한 사람의 현재 모습을 보면 실패라곤 해보지 않은 것처럼 보인다. 하지만 그들은 수많은 실패에도 불구하고 포기하지 않고 될 때까지 했기 때문에 성공한 것이다. 완벽주의자들이여! 준비되지 않아도 많이 시도해보고 실패를 사랑하자!

이성좌뇌형의 성공 전략 2 - 뇌가 좋아하는 말을 하라

자기 자신 칭찬하기

"와, 참 잘했어요. 아주 좋습니다. 오늘도 힘내서 즐겁게 해봐요."

프로젝트 참가자들이 후기나 그날의 인증을 남기면 내가 주로 하는 말이다. 처음에는 큰 기대 없이 했는데 내 칭찬이 힘이 되어 더 열심히 즐겁게 한다는 참가자들의 말을 듣고 진심을 다해서 칭찬하고 있다. 남녀노소를 불문하고 세상에 칭찬을 싫어하는 사람은 없을 것이다. 칭찬은 우리 뇌가 듣기 좋아하는 말이기 때문이다. 누군가가 나를 인정하고 격려하는 말 한마디가 어려움과 문제를 극복할 수 있는 큰 힘이 된다는 뜻이다.

대부분의 사람들은 자기 자신을 거의 칭찬하지 않는다. 남한테는 칭찬하는 말을 잘도 하는데 자기 자신한테는 참으로 인색하다.

특히 완벽주의 성향이 강한 좌뇌형은 자신이 항상 부족하다고 생각하기 때문에 칭찬은커녕 끊임없이 질책한다. 스트레스를 받을 정도로 자신을 괴롭히는 사람도 있다.

나 역시 아주 오랫동안 그렇게 살아왔다. 항상 높은 기준을 설정해놓고 거기에 도달하지 못하는 나를 채찍질하며 스스로 칭찬 한마디 하지 않고 살았다. 사람을 만나면 항상 그 사람의 좋은 점만 보려고 노력하며 칭찬하는데, 정작 누군가가 내 칭찬이라도 하면 "아이고, 아닙니다" 하면서 어색해하고 겸손을 내비치기도 했다. 타인에게 들은 칭찬도 어색할 때가 많은데 하물며 스스로 하는 칭찬이 잘될 리가 없었다.

우리 뇌는 내가 한 말이라도 다른 사람이 하는 것처럼 받아들인다. 무심코 하는 말과 생각까지도 뇌에 들어오는 하나의 정보다. 따라서 우리가 누군가와 대화를 할 때는 상대방뿐만 아니라 내가 듣고 있다는 것도 명심해야 한다. 스스로 듣기에 좋은 말을 자주 하고 오래할 수 있다면 뇌에 좋은 정보를 계속 입력하는 것과 같다. 앞서 '뇌 속이기' 편에서도 언급했지만 우리 몸은 뇌가 믿는 대로 반응한다. 자신이 잘하고 있다고 격려하고 칭찬하는 말을 계속 들려주면 더 잘하게 되고 힘이 나는 게 당연지사다.

셀프 칭찬의 시작 계기

내가 셀프 칭찬을 하게 된 계기는 장애아인 둘째를 키우면서부터다. 아이가 첫돌이 지났을 때부터 초등학교 입학 전까지는 하루에도 몇 번씩 재활치료를 다녔는데 너무 힘들어서 혼자 있을 때 많이 울기도 했다. 완벽주의자 성향이 있고 뭐든지 열심히 했던 터라 과할 정도로 아이 치료에 매달렸다. 주위에서 아무리 만류해도 소용이 없었다.

평소처럼 지치고 힘든 어느 날 마음 깊숙한 곳에서 "은영아, 참 고생이 많다. 정말 애 많이 쓰고 잘하고 있다"는 말이 들려왔다. 입 밖으로 소리 내어 말하니 눈물이 나면서도 힘이 솟았다. 그동안 아이만 바라보며 채찍질했던 나에게 처음으로 칭찬의 말, 즉 뇌가 좋아하는 말을 직접 들려주게 된 것이다.

그때 이후로 나는 습관적으로 나를 칭찬한다. 칭찬을 할 때는 사소한 것이라도 좋다. 하기 싫지만 매일 해야 하는 집안일에도 셀프 칭찬은 큰 효과가 있다. "오늘도 맛있는 집밥을 세 끼나 차렸네? 와, 요리사 해도 되겠군", "하기 싫은 설거지를 안 밀리고 하다니 대단해"와 같은 말이다. 여러분도 직접 해보면 셀프 칭찬이 얼마나 좋은 것인지 실감할 수 있을 것이다.

셀프 칭찬의 힘

"셀프 칭찬 잘해야 하는데 안 돼요. 억지로라도 하도록 노력하겠습니다." 프로젝트 참가자 중에 이성좌뇌형인 한 남성의 말이다. 이분의 말을 듣고 나니 스스로 하게 내버려두면 잘 안 될 수도 있겠다는 생각이 들었다. 그래서 참가자들에게 그날부터 매일 온라인 카페에 셀프 칭찬 한마디를 적고 소리 내어 자신에게 들려주도록 했다.

예를 들어 "은영아, 새벽에도 벌떡 일어나다니 너 진짜 대단해", "은영아, 오늘 하루도 수고 많았어. 자신과의 약속을 잘 지키다니 칭찬해"와 같은 말이다. 처음에는 나에게 하는 칭찬이 어색하고 잘 안 되기도 하지만, 그 위력을 바로 느끼기 때문에 다들 열심히 하고 있다.

셀프 칭찬은 자신감 향상에도 특효약이다. 한 참가자는 연말에 힘들어서 습관 만들기를 포기할 뻔하다가 셀프 칭찬을 통해서 자신감을 얻고 다시 마음을 다잡았다. 나름대로 새벽 기상, 운동 등의 루틴을 하고 있었는데 그게 쭉 이어지지 못해 프로젝트를 통해 완전히 습관으로 굳히려고 했던 30대 여성이다.

실제 참가자들의 셀프 칭찬을 예로 들어보겠다.

"속상한 일이 있었는데 예전처럼 그 일을 외면하거나 그 일에 짓눌리지 않고 자기 마음을 들여다보는 은경아! 날마다 자신을 사랑하는 법을 배워가는 너를 칭찬해.♡ 너는 반드시 행복하고 지혜로운 사람이 될 거야."

"예린아! 오늘도 일어나서 아침 루틴 마무리했고, 아이와 글 읽기, 색칠하기도 잘했어. 주말은 아이와 더 잘 놀자! 오늘도 사랑해. ♡"

"성윤아, 자꾸 늦었다고 자책하고 비교하려는 마음을 지금이라
도 알아차리고 내려놓으려고 하는 것을 칭찬해. 아침에 좀 더 부
지런하게 생활하는 모습도 쓰담쓰담 해주고 싶어."

"아이들 셋 돌보느라 힘도 들지만 누구보다 사랑으로 키우고 있
어. 장하다. 내 건강도 지키며 오늘도 열심히 행복하게 지내자.
사랑해, 지아야."

다른 사람의 셀프 칭찬을 읽고 있으면 절로 힘이 나고 기분이
좋아진다. 칭찬은 뇌가 가장 좋아하는 말이기 때문이다. 뇌가 좋
아하는 칭찬의 말들에는 어떤 것이 있을까? "사랑해", "고마워", "수
고했어", "넌 할 수 있어", "될 때까지 해보자", "참 잘했어"와 같은
말이다. 뇌가 좋아하는 말들로 셀프 칭찬하기는 큰 노력이 필요하
지 않다. 매일 하루에 한 번 이상 자신이 듣고 싶은 말을 직접 들려
주면 된다.

갈수록 감사일기를 쓰는 사람이 많아지고 있는데, 감사일기와
더불어 셀프 칭찬일기도 써볼 것을 권한다. 칭찬일기는 특히 자존
감이 부족하거나 자신감이 부족한 사람이 쓰면 좋다. 셀프 칭찬을
하다 보면 내 장점이 더 잘 보이고 장점이 점차 나만의 색깔로 바
뀌어 자신감이 올라간다. 특별히 무언가를 하지 않아도 자신을 있
는 그대로 인정하고 사랑할 수 있게 되어 자존감도 올라간다.

나는 있는 그대로 소중한 존재임을 잊지 말자. 진정한 자존감과 자신감은 매일 반복되는 지루하고 힘든 루틴을 해내게 만드는 든든한 버팀목과도 같다.

감성좌뇌형의
브레인 루틴

감성좌뇌형의 특장점과 주의할 점

감성좌뇌형의 특징과 장점

네 가지 두뇌 유형 중 습관을 가장 잘 만들고 지키는 유형은 어떤 유형일까? 바로 감성좌뇌형이다. 이들은 무엇이든지 스스로 알아서 계획과 절차를 세우고 시간 약속을 철저히 지키는 특징이 있다. 명석하고 두뇌회전이 빨라서 자신에게 필요한 것을 선택하는 데 어려움이 없으며 인내심도 강하다. 목표 세우기를 좋아하고 성취 욕구가 강해서 높은 목표를 세워도 꾸준히 해낸다. 또 일관적이고 체계적이며 늘 같은 방식을 따르기를 좋아해서 습관 형성에 최적화되어 있다고 볼 수 있다.

책임감과 독립심이 강한 감성좌뇌형은 리더일 때 수행력이 높아지고 더 좋은 성과를 낸다. 어떤 집단에서든 리더의 역할을 하는 경우가 많은데 타인에게 인정받고 싶은 욕구가 강하기 때문이다. 따라서 인정받지 못하거나 실력을 발휘할 수 없는 경우에는 감정 조절에 어려움을 겪기도 한다.

이 유형 역시 이성좌뇌형과 마찬가지로 프로젝트의 참여 비율은 매우 적었다. 다른 사람의 말을 듣기보다는 스스로 알아서 하고 굳이 참여하지 않고도 혼자서 습관을 잘 지키기 때문이다. 소수지만 프로젝트 참가자 중에 감성좌뇌형이 있었는데, 이들은 내가 코칭하고 조언한 내용을 잘 지키지 않는 경우가 많았다. 자기 생각이 확고하고 고집이 무척 세기 때문에 타인의 말은 잘 들으려 하지 않은 것이다. 따라서 감성좌뇌형은 혼자서 습관 형성을 하거나 자신이 모임을 만들어서 이끌어가는 것이 좋다.

대표적인 감성좌뇌형의 인물로는 GE의 잭 웰치가 있다. 잭 웰치는 피도 눈물도 없는 CEO로 알려져 있지만 직원들은 그를 다정하고 배려심 많으며 수십만 명의 직원들과의 관계를 중요하게 여긴 리더로 평가한다. 감성좌뇌형은 실패를 쉽게 받아들이지 못해 일이 잘못되면 상황을 탓하거나 타인의 잘못으로 돌리기도 한다. 하지만 잭 웰치는 항상 자신에게 모든 잘못과 책임이 있다고 생각했다. 경쟁심이 많고 무조건 이기려고 하는 감성좌뇌형이 자신의 장점을 살려 훌륭한 리더가 되려면 잭 웰치처럼 남을 배려하고 포용하는 덕목이 반드시 필요하다.

감성좌뇌형이 주의할 점

직관력과 현실 감각이 뛰어난 감성좌뇌형은 스스로 주제 파악을 잘한다. 또 성과를 중시하기에 어떤 일이든 자신이 부족하다고 생각되거나 결과가 좋지 않을 것으로 예상되면 움직이지 않는다. 하지만 여러 상황을 고려해 결정한 일에 대해서는 누가 뭐라 해도 거침없이 밀고 나가는 뚝심이 있다. 이들은 무엇이든 결정을 제대로만 하면 대체로 결과가 좋다. 그런데 합리적인 결정을 하고 추진력이 강하지만 현실적으로 감당하기 힘든 어려움이 닥치면 극도로 무력해진다. 다른 대안을 떠올리지 못하며 좋은 결과를 가져오는 최고의 방법에 집착하기도 한다. 따라서 감성좌뇌형은 항상 플랜 B를 염두에 둬야 한다.

나 역시 처음 책을 쓸 때 20권이 넘는 책쓰기에 관한 서적을 보고 나서 혼자서 글을 쓸 수는 있겠지만 책을 발간하기까지는 시간이 꽤 걸린다는 사실을 깨달았다. 현실적으로는 혼자서 쓰고 1년 안에 발간하는 것이 가장 좋은 방법이었으나 그 이상 시간이 걸릴 수도 있어서 대안을 찾아야 했다. 그래서 책쓰기 교육 기관 중 상대적으로 저렴하지만 책쓰기에 관한 기본 틀을 잡아주고 대부분은 스스로 해야 하는 곳에 등록해서 6개월 내에 출간까지 할 수 있었다.

감성좌뇌형은 자신의 목표를 합리적으로 설정한 뒤에는 어떠한 어려운 일이 있어도 포기하지 않고 일관성 있게 추진해나간다. 그러나 자칫 완벽주의에 빠져 스스로 힘들게 할 수 있으므로 조심해야 한다. 성과에 지나치게 집착하기 때문에 노력한 만큼 결과가 좋지 않으면 크게 실망하거나 분을 참지 못하는 것이 단점이다. 경쟁심과 성취 욕구가 강해 실패를 용납하지 못하며 원하는 만큼 이루지 못했을 때 몹시 괴로워한다. 철저하게 계획된 스케줄에 따르다 보니 지나치게 시간에 얽매이기도 한다. 또 늘 같은 생각을 하므로 융통성이나 상상력이 부족하다.

브레인 루틴을 할 때 계획과 실천은 중요하지만 언제든지 바꿀 수 있는 융통성과 힘들 땐 잠시 쉬어가는 여유가 반드시 필요하다. 예를 들어 매일 새벽 기상 계획을 세웠다고 해서 365일 똑같은 시간에 일어날 필요는 없다.

마지막으로 주의할 점이 있다. 비현실적으로 너무 높은 목표를 세우지 않도록 해야 한다. 실패를 인정하기 어려운 타입이므로 너무 큰 목표보다는 자신의 능력에 비해 약간 더 높은 목표를 세우는 것이 좋다. 설령 실패했다 하더라도 솔직하게 인정하고 되짚어 분석하여 거울로 삼을 수 있도록 해야 한다. 감성좌뇌형은 뛰어난 인내력과 결단력이 있기 때문에 스스로 몰아붙이지만 않으면 브레인 루틴을 오랫동안 유지하며 좋은 성과를 낼 수 있는 유형이다.

감성좌뇌형의 성공 전략 1 - 과감하게 저지르기

철저한 계획을 세우는 좌뇌형

모든 일을 철저한 계획하에 진행하는 사람이 있다. 이 사람은 여행을 갈 때도 숙박과 교통뿐만 아니라 날짜별, 시간별로 스케줄을 미리 짜놓는다. 둘러볼 관광지나 식당, 카페 등은 동선을 고려하여 배치하고 예산도 미리 정해둔다. 자유여행을 마치 패키지여행 일정표처럼 짜는 이들은 대부분 좌뇌형이다. 좌뇌형은 이렇게 미리 계획하지 않으면 여행을 할 수 없고 그냥 마음 내키는 대로 발길 닿는 대로 가는 여행이 불편하기만 하다.

언어뇌라고도 불리는 좌뇌는 주로 분석적·논리적·언어적 사고를 담당한다. 좌뇌형은 일상생활을 하거나 문제를 해결할 때 우뇌보다는 좌뇌를 주로 사용하므로 습관을 만들거나 없앨 때도 먼저 분석하고 계획부터 한다. 그렇다 보니 시작하기까지 시간이 많이 걸리고 이것저것 따지고 계획하다가 시작조차 못하기도 한다. 무슨 일이든 절차에 맞춰 제시간에 수행되어야 하기 때문에 자신이 정한 시간 안에 준비가 되어야 한다. 좌뇌형이 브레인 루틴을 할 때 가장 큰 걸림돌은 바로 이것이다. 일단 시작만 하면 끈기 있게 계획대로 잘 지켜서 습관을 만들기 쉬운 유형이지만, 미리 분석해야 하고 논리적인 납득이 필요하기 때문에 시작하는 것이 가장 어렵다.

감성좌뇌형이라면 과감하게 시작하라

감성좌뇌형은 일관성이 뛰어나고 체계적이어서 자료 정리를 잘하며 무슨 일이든 자세한 계획과 절차를 세운다. 이성좌뇌형보다는 추진력이나 행동력이 있지만 불확실하거나 모호한 것을 싫어해서 때로는 빠르게 행동하는 것이 어렵다. 또 한결같은 생각으로 융통성과 상상력이 부족한데, 성공적인 브레인 루틴을 위해 이들에게 가장 필요한 것은 바로 과감하게 저지르는 것이다. 준비하고 계획하다 보면 언제 시작할지 기약할 수 없고 다른 긴급한 일들에 우선순위를 빼앗길 수 있기 때문이다.

감성좌뇌형인 나 역시도 계획적인 것을 좋아한다. 무슨 일을 할때는 항상 미리 계획을 세워야 하며 정해진 것이 없는 여행이나 공부, 모임 등을 싫어한다. 그렇다 보니 무언가 부족하거나 준비가 덜 되었을 경우에는 행동하지 않고 불확실하면 아예 쳐다보지도 않는다. 나는 나의 이러한 특성을 잘 알고 있기에 무언가 해야겠다는 확실한 목표가 생기면 과감하게 저질러버린다. 일 년 안에 두권의 책을 쓰고, 40대 중반에 바디 프로필을 찍는 등 불가능해 보이는 일에 도전하는 것이다. 평소에는 근검절약하지만 자신을 위한 투자를 할 때는 과감하게 큰돈을 쓰기도 한다. 필요한 책을 사고 고가의 교육을 받고 바디 프로필 촬영의 예약부터 하는 등 나를 위한 투자가 필요할 때는 과감하게 저지른다.

운동이나 다이어트를 하려는데 방법을 모르고 전문가의 도움이 필요하다면 일대일 PT를 등록하는 것도 좋은 방법이다. 새해가 되면 사람들이 헬스장 1년 회원권을 등록하는데 이 방법은 추천하지 않는다. 차라리 그 돈으로 일대일 트레이닝을 받아서 배운 후에 혼자서 꾸준히 운동하는 것을 추천한다. 기왕 운동을 시작했으면 바디 프로필도 찍어볼 것을 권한다. 이때도 촬영 날짜를 한두 달 뒤로 예약부터 하면 거기에 맞춰 운동과 다이어트가 가능해진다. 공부할 때도 책이나 관련 물품을 일단 구입부터 하면 성실한 유형이라 잘 해낼 수 있다.

우뇌형은 과감하게 저지르는 것을 오히려 자제해야 한다. 특히 충동적인 이성우뇌형은 관심이 있으면 물불 가리지 않고 뛰어드는데 마무리를 못 짓는 경우가 많다. 저지르기만 하고 끝까지 해내지 못한다면 무책임한 성향을 더 키울 뿐이다. 따라서 우뇌형은 시작할 때의 충동을 조절하고 보다 냉철하게 판단할 필요가 있다.

반면, 계획적이고 완벽주의자인 좌뇌형에게는 일단 저지르는 방법이 매우 효과적이다. 저지르고 나서 분석하고 계획을 세워도 늦지 않다. 이들은 시작할 때의 실행력만 높이면 겉으로 드러나는 성과를 중시하고 끈질긴 인내력과 결단력이 있어서 끝까지 해내는 능력이 뛰어나다. 습관을 만들 때 다른 사람의 도움도 별로 필요 없기 때문에 처음의 행동력만 높이면 어떤 루틴이든지 성공적으로 만들 수 있다. 그러니 과감하게 먼저 행동하고 실천하자!

감성좌뇌형의 성공 전략 2 - 채찍보다 당근

눈앞의 보상 vs 먼 훗날의 보상

다이어트를 하고 있는 두 사람, D(D라인)와 S(S라인)가 있다. 일주일 넘게 음식을 마음껏 먹지 못하고 있는 그들의 눈앞에는 먹음직스러운 케이크가 놓여 있다. D는 달콤한 유혹을 이기지 못해 케이크를 먹기 시작했고 S는 그 자리를 떠났다. D는 눈앞의 보상에 굴복하고 말았으나 S는 순간의 욕구를 잘 참아내고 다이어트를 지속해나가는 것이다.

이 둘의 차이점은 무엇일까? 단순히 의지의 차이일까? 물론 뿌리치기 힘든 유혹을 이겨낸 S가 강한 의지를 갖고 있는 것이지만, 이유는 그뿐만이 아니다. 이 두 사람은 보상에 대한 생각이 다르다. D는 당장 나의 욕구를 채워주고 기쁨을 줄 수 있는 보상을 선택했고, S는 건강과 매력적인 몸매를 보상으로 선택한 것이다. 그래서 S는 눈앞의 케이크를 참아낼 수 있었다.

새벽 기상도 마찬가지다. 큰맘 먹고 일찍 일어나기로 하고 알람을 설정해놓는다. 한참 잘 자고 있는데 기상 알람이 울리기 시작한다. 이때 당장 눈앞의 보상에 굴복한 사람은 알람을 끄고 다시 잠들고 만다. 그러나 새벽에 책을 읽거나 운동을 하거나 공부를 해서 훗날 내게 올 보상을 중요하게 여기는 사람은 쉽게 일어날 수 있다. 즉 내가 어떤 것을 보상으로 선택할 것인가에 따라 의지력도 좌우된다. 성공적인 브레인 루틴을 위해서는 훗날의 보상이 구체적이고 확실할수록 좋다.

의지력은 세로토닌의 차이

눈앞의 보상에 집착하는 사람과 나중에 받을 보상을 기다리는 사람의 차이는 어디에서 나올까? 즉 의지력의 차이는 어디에서 기인하는 것일까?

세로토닌 실험이 하나의 답이 될 수 있다. 행복 호르몬이라고도 불리는 세로토닌은 교감신경과 부교감신경의 균형을 맞추고 마음을 안정적인 상태로 유지해준다. 세로토닌이 부족하면 불안해진다. 실제로 우울증 환자의 뇌는 세로토닌 신경이 약해져 있다고 알려져 있다. 세로토닌을 일시적으로 증감시킨 실험에 따르면, 세로토닌이 부족하면 눈앞의 보상에 집착하고, 세로토닌이 많으면 훗날의 보상을 기다린다고 한다. 세로토닌이 부족하여 불안한 상태가 되면 의지력이 약해져 좋은 습관을 만들기가 어렵다는 뜻이다.

구체적이고 후한 보상 주기

보상은 상이 후하고 구체적일수록 더 성공할 확률이 높다. 감성 좌뇌형인 잭 웰치는 저서 《잭 웰치, 위대한 승리》에서 리더라면 구성원들에게 자신감을 심어주는 것이 중요하다고 말했다. 이를 위해서는 상을 후하게 줘야 하며 상의 내용은 구체적일수록 좋다고 언급했다. 그는 종종 아주 냉철한 CEO로 그려지지만, 직원들은 잭 웰치가 다정하고 배려심이 많다고 말한다. 현장에 가서 직원들의 심정을 헤아려주고 칭찬과 격려를 아주 확실하게 큰소리로 해주며 금전적인 보상이나 승진 등을 안겨줬다고 한다. 보상은 성취감과 자신감을 심어줘서 자기 긍정감을 높이는 데 효과적이다.

경쟁심이 많고 승부욕이 강한 감성좌뇌형은 그룹에서 루틴 만들기를 하면 경쟁심과 승부욕을 발동하여 누구보다도 열심히 한다. 이들은 보상의 크기와 상관하지 않으며, 때로 보상이 없더라도 단순히 1등을 하기 위해서 행동한다. 이성좌뇌형도 마찬가지다.

완벽주의 성향이 강해 스스로에게 지나치게 엄격한 좌뇌형이 혼자서 습관을 만들 때는 조그만 성취라도 해냈을 때 스스로 보상을 해줘야 한다. 휴식이나 여행, 갖고 싶던 물건 등 목표 달성 시에 주는 보상을 정해놓고 자신에게 선물을 주는 식으로 하면 좋다. 하지만 자신한테 주는 상도 초기에 습관을 들이기 어려울 때만 하면 충분하다. 이미 습관이 자리 잡히면 굳이 보상이 필요 없다.

나에게 보상은 당장 눈앞에 보이는 것보다는 내가 바라는 사람 및 비전에 점점 가까워지는 내 모습 그 자체이다. 새벽 기상은 책이라는 결과물을 손에 쥔 순간이라는 보상으로 돌아오고, 운동과 다이어트는 건강과 멋진 몸매뿐만 아니라 입고 싶은 옷을 마음껏 입으며 멋을 부릴 때 그 보상을 확인할 수 있다. 또 독서와 말버릇, 감정 습관을 고치는 것은 일류 작가 및 강사가 되기 위한 것이다. 맨발걷기와 브레인 명상은 아이디어와 이 모든 것을 가능케 하는 강한 내면의 힘을 보상으로 준다. 그래서 나는 눈앞의 욕구에 굴복하지 않는 대신 힘들이지 않고 여유 있고 행복하게 루틴을 해나갈 수 있다.

칭찬과 격려로 보상하기

좌뇌형에게는 눈에 보이는 보상이 중요하지만, 모든 유형에게는 꼭 눈에 보이는 보상뿐만 아니라 잭 웰치가 직원들에게 했던 것처럼 칭찬과 격려를 하는 것도 매우 중요하다. 루틴을 만들어가다 보면 계획대로 지켜지지 않거나 나태해질 때 죄책감과 자괴감에 빠지기 쉽다. 이때 포기하면 실패 경험으로 인식되어 의지력은 더 약해지고 자존감도 저하될 수밖에 없다.

우리는 타인으로부터 항상 칭찬과 격려만 받는 것은 아니다. 게다가 감성좌뇌형은 스스로 칭찬보다는 질책을 많이 한다. 따라서 앞에서도 언급한 스스로 칭찬하기가 꼭 필요하다. 채찍은 아끼고 당근을 더 많이 줘야 하는 유형이다.

브레인 루틴은 다른 누구도 아닌 자기 자신과의 싸움이기 때문에 항상 스스로 격려하고 칭찬해보자.

'나는 잘하고 있어.'
'와, 3일 만에 책 한 권을 읽다니 정말 대단해!'
'일주일 동안 식욕 조절을 잘했으니 오늘은 상으로 맛있는 음식

을 먹어야지.'

이처럼 뇌가 듣기 좋아하는 칭찬의 말을 하고 조그만 것이라도 이루어냈을 때 보상을 적절히 하면 성공적인 습관 만들기를 할 수 있다.

이성우뇌형의
브레인 루틴

이성우뇌형의 특장점과 주의할 점

이성우뇌형의 특징과 장점

예술가적 성향이 강한 이성우뇌형은 호기심과 상상력이 풍부하고 창의적이다. 하지만 이들은 감성우뇌형과 더불어 매일 규칙적이고 일관된 루틴을 지키기 어려운 유형이다. 성향 자체가 규칙에 얽매이는 것을 싫어하고 자유롭기 때문이다. 또한 산만하고 무엇이든지 재미가 없으면 하지 않는다. 이성우뇌형에게는 루틴이 지루하고 재미없으며 루틴을 왜 해야 하는지 필요성을 못 느끼는 경우가 많다. 그 말은 매일 반복되는 루틴 속에서 재미와 흥미를 느낄 만한 것을 만들어내면 충분히 잘할 수 있다는 뜻이기도 하다.

모든 유형에서 습관을 만드는 것보다는 자신이 원하는 일을 이루기 위해 일상을 어떻게 살아야 할지 계획한 결과물이 루틴이 되어야 하지만, 특히 이성우뇌형은 이 점을 간과해선 안 된다. 그렇지 않으면 하루에 한 가지 루틴을 지키는 일조차 힘들어진다.

프로젝트를 운영하면서도 가장 종잡을 수 없는 유형이 바로 이성우뇌형이다. 성실하게 그날의 루틴을 잘 지키고 체크하는 사람이 있는 반면, 초반에 포기하는 사람까지 참 다양한 유형을 볼 수 있다. 이들은 상황에 적응하는 능력이 매우 뛰어나서 낯설거나 힘든 상황에서도 곧 적응한다. 순간에 집중하는 탁월한 능력이 있으므로 자신이 좋아하고 자신 있는 것을 루틴으로 설정해 몰두하면 좋은 성과를 낼 수 있다.

이성우뇌형의 대표적인 인물은 스티브 잡스다. 그의 부모님은 잡스가 하고 싶은 대로 마음껏 하도록 내버려뒀다. 덕분에 스티브 잡스는 어릴 적부터 차고지에서 전자기기를 분해하고 조립하는 것을 즐겼는데 그것이 세계적인 기업 애플의 시초였다. 이성우뇌형은 아이디어가 많고 타인에 대해서도 호기심이 많다. 스티브 잡스처럼 자신이 관심 있거나 좋아하는 것을 찾아 열정적이고 적극적인 자세로 임한다면 틀에 얽매이지 않고 자유로운 루틴을 만들 수 있다.

이성우뇌형이 주의할 점

이성우뇌형은 갖고 싶은 것이나 하고 싶은 일이 있으면 반드시 갖거나 해내야 한다. 다른 사람들의 평가에 신경을 쓰지 않아 침울해지는 경우가 별로 없다. 이들은 항상 낙천적이고 어려움을 쉽게 극복할 수 있다고 믿어서 문제를 너무 가볍게 넘기기도 한다. 자신이 하고 싶은 일을 우선시하고, 반복적이거나 일상적인 일에 흥미와 관심이 없어서 루틴을 만들기 어렵다. 좋은 습관을 들이는 과정에는 뇌회로를 만들기까지 어려움과 고통이 따르기 마련인데, 이성우뇌형은 '지금 당장' 내가 하고 싶은 게 더 중요하기 때문에 오늘의 고통을 참기 힘들다. 시작한 일을 잘 끝맺지 못하기도 한다. 그러나 이들은 자신이 좋아하거나 관심 있는 일에는 스스로 만족할 때까지 물고 늘어지는 근성이 있다.

호기심이 많고 상상력이 풍부하며 이상주의자인 이성우뇌형이 성공적인 습관을 만들기 위해서는 자신이 좋아하는 일이나 재미있게 할 수 있는 일을 한 가지 찾아서 매일 하는 것으로 시작해야 한다. 이들은 일을 끝마치는 것보다는 그 일을 하면서 얼마나 재미있는지가 중요해서 호기심을 보이다가도 조금만 어려워지면 다른 재미를 찾아간다. 따라서 자신이 흥미를 느낄 만한 새로운 것을 끊임없이 찾아내야 싫증을 내지 않고 재미있게 할 수 있다.

작은 성취 경험을 쌓고 달성했을 때는 스스로 칭찬하고 보상을 주는 것도 필요하다. 이들은 도전의식이 있기 때문에 너무 쉽거나 이미 아는 것, 할 줄 아는 것에는 흥미가 없다. 따라서 약간 어려운 것을 선택하여 의욕을 불태우는 것이 좋다. 하지만 너무 어려운 것에는 금방 흥미를 잃을 수 있으므로 유의해야 한다. 루틴을 재미있는 것으로 여기고 도전정신으로 한다면 어느 유형보다도 열정적이고 창의적으로 임할 수 있는 유형이다.

평소에 운동하기를 싫어하고 다이어트가 가장 어렵다던 30대 여성은 뇌를 속여서 운동하지 않고도 운동한 것과 같은 효과를 낸다는 사실을 알고 나서 일상 속에서 하는 운동들에 흥미를 느껴 다이어트를 처음으로 즐겁고 쉽게 할 수 있게 되었다. 그리고 바디프로필을 찍어보라는 나의 제안에 도전의식을 가지고 열심히 운동하고 있다. 이성우뇌형에게는 매일 되풀이되는 루틴이 지루하고 힘들 수밖에 없는데 재미와 도전 두 가지가 결합되니 좋은 효과가 나타나고 있다.

이성우뇌형이 목표를 세울 때는 해야 할 일이라도 관심이 없는 것에는 잘 움직이지 않으므로 흥미를 유발시킬 만한 이미지를 이용해 목표를 설정하는 것이 좋다. 이들은 충동적이기 때문에 루틴을 위해서는 매우 구체적인 계획표가 필요하다. 시간적인 개념이 단기적이고 여유를 중시하므로 중장기 계획보다는 단기 계획과 일일 계획을 세워야 한다. 또 주변 사람들과 영향력을 주고받는 것을 선호하므로 앞의 두 유형과 달리 모임이나 그룹에서 함께 루틴을 만들어가는 것이 좋다. 단기간에 빨리 계획을 잘 지키지 않기 때문에 그룹별 상호작용을 통해 주기적으로 피드백을 주고받으며 꾸준히 실천하도록 도움을 받아야 한다.

이성우뇌형의 성공 전략 1 - 조건부 계획과 비전

조건부 계획

뇌는 조건부 계획(If-Then Planning)을 좋아한다. 만일의 사태를 고려하는 것이다. '만일 ~한다면 …할 것이다'라는 계획을 통해 기억력과 실행력을 높일 수 있다. 예를 들어 '저녁 9시가 되면 서재에서 한 시간 동안 독서를 할 것이다', '매주 일요일에 하루 종일 스마트폰을 끄고 집안을 구역별로 정리하겠다' 등처럼 언제 어디에서 구체적으로 어떤 행동을 취할지 미리 결정해두면 뇌가 기회를 감지하고 포착하는 데 도움을 준다. 게다가 성공 확률이 2~3배로 증가한다. 독서를 한다면 읽어야 할 페이지 수까지 정해놓고 정리정돈할 때는 몇 시간 동안 무엇을 정리할지 미리 구체적으로 정해놓으면 집중력을 높이고 딴짓을 안 할 수 있다.

산만하고 충동적인 성향의 이성우뇌형이 매일 일정한 루틴을 지키려면 반드시 이 조건부 계획을 잘 세우고 지켜야 한다. 이들은 아무리 어렵고 힘들어도 자신이 좋아하면 쉽게 포기하거나 좌절하지 않기 때문에 남들이 하는 것을 따라 하기보다는 자신이 가장 좋아하는 것이나 매일 흥미를 갖고 할 수 있는 것을 목표로 삼고 조건부 계획으로 세우는 것이 좋다.

뇌를 움직이게 하는 강력한 비전의 요건

뇌의 잠재력을 키우고 창조력을 100% 활용하려면, 뇌를 움직이게 하는 정보를 지속적으로 공급해야 하는데 그것이 바로 비전이다. 이승헌의《뇌교육 원론》에 따르면, 뇌를 살아 움직이게 하는 강력한 비전에는 다음의 네 가지 요건이 있다.

- 생각을 복잡하게 할 필요가 없을 만큼 '단순'할 것
- 오해의 여지가 없을 만큼 '명료'할 것
- 시간과 에너지를 투자할 만큼의 '현실성'이 있을 것
- 100% 에너지를 쏟을 만큼 '매력적'일 것

이 네 가지 요건에 유의해서 비전을 세웠으면 그것을 이루기 위한 목표와 계획 그리고 실천이 필요하다. 아무리 뛰어난 고급 승용차와 내비게이션을 갖고 있어도 운전하지 않으면 이동할 수 없는 것처럼 정확한 목표와 구체적인 계획에 더불어 꾸준한 실행이 꼭 필요하다. 앞의 시트지 작성법에서 본 것과 같은 방식으로 목표와 계획을 세운 후에 딱 한 달만 도전의식을 가지고 해보자. 그러면 그토록 지겹고 힘들게만 느껴지던 루틴도 해볼 만하다는 것을 느낄 것이다.

이성우뇌형의 성공 전략 2 - 시간과 공간을 창조하라

시간과 공간의 중요성

하루는 누구에게나 똑같이 주어진다. 24시간, 86,400초의 시간 동안 모든 인간은 지구라는 공간에서 살아간다. 같은 시간과 공간 속에서도 살아가는 모습은 제각각이다. 한 가족이라는 울타리 안에서도 구성원 각자가 자신의 패턴대로 살아간다. 어른이나 아이 할 것 없이 스스로 잘 관리하며 언제 어디서나 뛰어난 능력을 보이는 사람이 있는가 하면 누군가가 정해놓은 틀 속에서 마지못해 따라가는 사람도 있다.

시간과 공간을 스스로 창조하는 것이 가장 좋겠지만 누구나 원하는 대로 만들어갈 수 있는 것은 아니다. 특히 매일 반복되는 루틴을 위해 계획을 세우고 실천하는 것은 어려운 일이다. 누군가의 도움 없이도 스스로 잘하는 사람이 있는 반면에 이성우뇌형처럼 하고 싶어도 방법을 모르거나 혼자서는 못하는 사람도 있다. 이성우뇌형은 특히 시간 개념이 부족해서 시간 약속을 잘 지키지 않고 그다지 중요하게 생각하지 않는다. 하지만 매일 반복되는 루틴에서 시간의 중요성을 인식하고 시간을 관리하는 일은 필수다.

시간과 공간의 주인이 되자

시간과 공간을 창조하라는 것은 시간과 공간을 스스로 관리하고 통제하는 주인이 되라는 의미다.

시간과 공간의 주인이 되면 무조건 열심히 하기보다는 잘하게 된다. 주인이 되기 위해서 가장 중요한 것이 바로 창조력이다. 인간의 뇌에는 무한한 창조력이 내재되어 있다. 잠재의식과 무의식에 내재된 창조력은 생각과 감정을 비워내어 집중력이 올라가는 순간에 깨어난다. 많은 위인들과 성공한 사람들이 일과 중 산책을 즐기고 정기적으로 사색과 명상의 시간을 갖는 이유는 이 때문이다. 고요한 숲길을 걸으며 생각과 감정이 잠잠해질 때 영감이 떠오르고 그동안 해결하지 못했던 문제 해결의 실마리가 보이기도 한다. 창의력이 뛰어난 이성우뇌형이라면 꼭 혼자만의 사색과 명상을 통해 창조력을 키우기 바란다.

창조력은 위인이나 리더, 특별한 사람에게만 필요한 것이 아니다. 넓은 의미에서 인간이 하는 모든 일을 창조라고 할 수 있다. 자신을 잘 알고 스스로 선택한 것에 집중할 때 나타나는 창조력은 누구에게나 필요하다. 그래야만 생각과 감정에서 벗어나 현재에 집중할 수 있고 현실을 넘어 다음 단계로 나아갈 수 있다.

환경에 따라 제약을 받고 휘둘리거나 주위의 시선을 지나치게 신경을 쓰는 사람은 시간과 공간을 자유롭게 쓰지 못하고 타인의 의도대로 살아가는 것과 같다. 나에게 주어진 시간과 나를 둘러싼 환경을 다른 사람한테 맡기는 것이나 다름없다. 그런 사람일수록 상황이 안 좋거나 결과가 나쁘면 환경을 탓하고 핑계거리를 찾기에 바쁘다. 따라서 시간 개념과 자기 관리 능력이 다소 부족한 이성우뇌형이라면 반드시 시간과 공간의 주인이 되기 위해 노력해야 한다.

나만의 공간에서 나만의 시간 갖기

스스로 시공간을 창조하는 방법은 간단하다. 우선 나만의 시간과 나만의 장소를 만들자. 하루에 최소 2~3시간은 온전히 나를 위한 시간을 가져야 한다. 운동이나 독서, 그림 그리기 등 자기 계발이나 즐겨 하는 취미도 좋다. 나만의 공간에서 혼자만의 시간을 갖는 것이 가장 좋은 방법이다.

이성우뇌형인 한 30대 여성은 그동안 어린 딸을 키우느라 독서나 운동 등을 할 여유가 없었다고 한다. 독박육아로 인한 우울 증세도 있었다. 새벽 기상을 하고 싶어도 실천하지 못했는데, 프로젝트에 참가하면서 새벽 기상을 통해 자신만의 시간과 공간을 완벽하게 만들고 있다. 평균 5시에 기상한 후에는 좋아하는 독서와 물구나무서기, 요가, 산책을 루틴으로 하고 있다. 그녀가 자신만의 시공간을 창조한 이후로 남편과의 관계가 좋아진 것은 물론이고 자신감이 커졌으며 우울 증세도 사라지고 무엇보다 삶을 바라보는 자세가 긍정적으로 바뀌고 있다.

나만의 공간에서 나만의 시간을 갖는 일은 그 어떤 것보다 행복하고 큰 성취감을 준다. 이렇게 하루를 시작하면 이후에 별다른 것을 하지 않아도 하루가 만족스럽다. 가장 중요하고 가장 좋아하는 일을 몰입해서 할 수 있기 때문이다. 인간관계를 중요시하고 모임을 좋아하는 우뇌형도 가끔은 혼자만의 시공간이 필요하다. 때때로 혼자서 조용히 나만의 공간에서 감사일기를 쓰고 사색과 명상을 하면 감정 조절도 잘되고 환경에 흔들리지 않는다.

언제 어디서든 하고 싶은 일을 하며 외부 환경에 영향을 받지 않고 자신에게 집중할 수 있다면 습관을 만들기가 훨씬 쉬워진다. 자꾸 핑계를 만들며 할 수 없는 상황에 빠지는 것이 아니라 어떤 상황에서든 할 수 있는 방법을 찾아내는 것이다.

환경에 민감하게 반응하고 사람과의 관계에서 자주 상처를 받는다면 브레인 명상(5장 참고)을 통해 자신의 내면에 집중하는 연습을 수시로 하기 바란다. 그래야만 외부 환경에 휘둘리지 않고 나만의 시간과 공간을 창조하여 자신이 원하는 것을 하면서 살 수 있다. 매일 당신만의 시간과 공간을 창조하라!

감성우뇌형의
브레인 루틴

감성우뇌형의 특장점과 주의할 점

감성우뇌형의 특징과 장점

감성우뇌형은 대체로 느릿느릿한 성향이 있어서 게을러 보이기도 한다. 그만큼 무언가를 시작하기까지 시간이 오래 걸리고 어려운 일이 생기면 저절로 해결되거나 누군가 해주길 바라면서 무작정 미뤄두기도 한다. 하지만 이들은 대기만성형 기질이 강해서 시작은 늦더라도 어떤 일을 마음먹고 시작하면 놀라운 집중력을 발휘한다. 직관력과 이해력이 강한데 관심 있는 일이라면 직관력이 더 강해져 그 일에 몰입할 수 있다.

한 달 간격으로 진행되는 프로젝트에서 매번 70% 이상을 차지하는 유형이 바로 감성우뇌형이다. 그만큼 루틴을 만들고 유지하는 일이 힘들다는 이야기다. 하지만 이들은 자신을 인정해주고 알아주는 환경에서는 강한 인내심과 자제력을 발휘해 성실하게 임한다. 프로젝트에서도 이들은 예상외로 꾸준히 자신의 습관을 만들기 위해 노력하고 좋은 성과도 보이고 있다.

평소 행동이 느리고 미루기를 잘했다는 40대 여성은 제공된 시트지로 계획을 세우고 매일 체크해서 새벽 기상과 독서, 글쓰기, 운동 습관까지 만들어 3개월 가까이 유지하고 있다. 약사라는 직업을 갖고 있으면서도 규칙적인 생활과 꾸준히 운동하기가 힘들었는데, 습관 만들기에 좋은 환경에 들어오니까 누구보다도 성실하게 임하며 삶이 바뀌고 있다는 후기를 들려줬다. 무엇보다도 새벽에 자신만의 시간을 통해 미뤄오던 일을 해내니 오후 시간에는 아이와 집중해서 놀아줄 수 있어서 아이와의 관계도 좋아졌다고 한다. 이 여성뿐만 아니라 많은 감성우뇌형이 프로젝트를 통해서 좋은 루틴들을 만들고 변화를 경험하고 있다.

감성우뇌형인 마더 테레사는 천사의 뇌를 직접 대변하는 인물이다. 그녀는 사람을 섬기는 서번트 리더쉽으로 사랑을 실천했으며 헌신과 봉사를 통해 버림받은 빈민을 구제했다. 사람들과 함께 일하는 것을 좋아했으나 자신의 생각을 강요하지 않았고 자신을 내세우거나 일의 주도권도 가지려 하지 않았다. 마더 테레사가 가장 좋아하는 일은 가난하고 외로운 사람을 돕는 일이었다. 자칫 자신의 감정과 감성에 빠지기 쉬운 감성우뇌형은 사랑, 평화, 행복 등 본질적인 가치를 지닌 비전을 갖는 것이 좋다. 다른 사람과 함께하거나 타인을 도울 수 있는 일에 비전을 갖는다면 잠재력을 잘 발휘할 수 있을 것이다. 일례로 천 원으로 사람들에게 점심을 제공하는 식당을 운영하게 됐다는 40대 여성이 있다. 평소 봉사하기를 좋아했는데, 힘들고 서툴지만 그 어느 때보다 행복하다고 한다. 그리고 식당을 운영하고 나서 루틴을 훨씬 더 잘 지키고 있다.

감성우뇌형이 주의할 점

감성우뇌형은 감정 기복이 심하다는 것이 최대의 약점이다. 이들에게는 감정을 조절하는 것이 먼저다. 게으르지만 칭찬을 받으면 잘하며 직관력이 강하고 이해력이 높아서 척 보면 아는 것이 많다. 사람이 가장 중요한 자산인 이들은 자신을 알아주는 좋은 환경을 찾아 그 속에서 성실하게 임하는 것이 좋다. 습관 만들기 프로젝트 같은 모임에서 하는 것도 좋은 방법이다. 혼자서는 루틴을 만들기가 어렵기 때문에 시작할 때는 누군가의 도움을 받고 비슷한 사람들끼리 함께하는 것이 좋다.

대체로 평화주의자인 감성우뇌형은 타인을 지나치게 배려하고 신경 쓴 나머지 자신이 원하는 것을 선택하고 결정하는 데 종종 어려움을 겪는다. 특히 가족들의 요구에 맞춰주느라 하고 싶은 대로 못하거나 자신을 희생하기도 한다. 이런 경향은 기혼 여성들에게서 더 잘 나타나는데 남편과 자식들에 맞추느라 정작 자기 자신은 돌보지 못하는 경우가 많다. 따라서 조금은 이기적으로 자신이 원하는 대로 행동할 필요가 있다.

이 유형은 규칙이나 약속을 잘 지키지 못하므로 새로운 습관을 만들 때는 체계적인 계획표와 강한 동기를 지속적으로 부여해주는 것이 좋다. 분위기에 영향을 많이 받기 때문에 항상 자신의 주변부터 잘 정리정돈하고, 정리가 된 후에 목표를 세운다. 장기 목표를 세운 후에 작은 단위로 세분화된 계획을 세워야 한다.

감성우뇌형은 잠재력이 많음에도 불구하고 자기에게 정확히 어떤 능력이 있는지 잘 몰라서 자기 계발에 소홀한 경우가 많다. 또 끈기가 부족하므로 장기 목표를 크게 세우고 단기 목표를 작은 단위로 세분화시켜 가시적인 성과를 확인하는 것이 좋다.

이들은 상실감이나 실망감을 느끼면 고통스러워한다. 남의 눈치를 보거나 지나치게 의식하는 경우에는 감정적 불안감이 더 심해진다. 도중에 실패하거나 당장에 성과가 보이지 않더라도 감정을 잘 다스리는 것이 중요하다. 감성우뇌형의 브레인 루틴이 성공하느냐 마느냐는 감정 조절에 달려 있다고 해도 과언이 아니다. 그래서 어느 유형보다도 감정일기 쓰기와 브레인 명상이 필요하고 효과적인 유형이기도 하다.

이들에게는 휴식이 매우 중요하다. 반복적이고 규칙적인 것을 지루하게 여기므로 매일 반복되는 루틴 속에 자신만의 창의적이고 탐구할 수 있는 거리를 만들거나 적절한 휴식을 취해야 한다.

감성우뇌형의 성공 전략 1 - 감정 조절이 답이다

감정도 습관이다

지인 중에 매사에 걱정이 많은 사람이 있다. 걱정이 너무 많아서 걱정하지 않는 법을 걱정하기도 한다는 그녀가 스스로 지은 별명은 바로 걱정 인형이다. 유치원에 다니는 아들이 체험학습을 간다고 하면 2~3일 전부터 잠을 잘 이루지 못할 정도로 걱정이 심하다. 자동차 사고나 아이를 잃어버리진 않을까 하는 두려움과 불안 때문이다. 그녀는 왜 걱정을 사서 하는 것일까?

객관적으로 봐도 경제적 여유가 넘치고 가정도 화목하며 주변에 힘들게 하는 사람도 없는데 어째서 스스로 고통에 빠트리면서 걱정 속에 사는지 안타깝다. 그녀에게도 즐겁고 행복한 감정이 있을 것이다. 하지만 그녀는 유쾌한 감정을 느끼기보다는 걱정부터 하는 패턴에 익숙해져 있다. 습관적으로 늘 걱정하고 불안해하는 것이다.

우리 뇌는 새로운 것에는 저항을 보이고 익숙한 것을 선호하는데 감정도 마찬가지다. 뇌회로가 이미 부정적인 감정에 고정되어 있으면 아무리 고통스럽더라도 익숙한 감정을 선택하게 된다. 불안하거나 불쾌하더라도 익숙한 감정을 느낄 때 뇌가 편안해지기 때문이다. 툭하면 화를 내는 사람은 매사에 걱정하고 불안해하는 사람처럼 화를 내는 습관이 강하게 자리잡고 있다. 다른 사람을 의심부터 하는 사람 역시 누구든 쉽게 믿지 못하는 습관이 있고, 무슨 일이든 자책부터 하는 사람은 자책과 죄책감을 느끼는 습관이 있다. 즉 감정도 습관이 된다는 것을 알아야 감정을 스스로 조절하고 원하는 대로 변화할 수 있다.

감정 습관을 바꿔야 하는 이유

감정도 다른 습관과 마찬가지로 바꾸기가 여간 어려운 일이 아니다. 뇌가 자신이 선호하는 감정은 최대한 오래 끌려고 하고 반대 감정은 금세 망각하도록 조작하기 때문이다. 걱정과 불안이 습관이 된 사람은 즐거운 일이 생겨도 아주 잠깐 좋은 기분을 느끼고는 곧바로 잊어버리고 만다.

외로움을 심하게 타는 사람 역시 타인에게 인정받거나 마음을 주고 받을 때가 있지만 좋았던 감정은 금방 사라져버린다. 한 가지 부정적인 감정에 고착되어 있으면 안 되는 이유는 그 감정을 느낄 상황이 아닌데도 습관적으로 불쑥 나타나기 때문이다. 예를 들어 화를 자주 내는 사람은 슬픈 상황에서도 화를 내고, 습관적으로 슬퍼하는 사람은 화를 내야 하는 상황에서도 자책하며 슬퍼한다.

일대일 코칭을 받은 사람 중에 감정 습관의 무서움을 보여주는 사례가 있었다. 걸핏하면 머리끝까지 화가 난다는 여성이 어느 날 아이와 함께 길을 걷는데, 아이가 넘어져서 크게 다친 일이 있었다. 그 여성은 엄마로서 자신이 주위를 좀 더 살피지 못한 미안함과 아이에 대한 안쓰러움이 들었는데, 정작 행동은 마음과 달랐다. 아이를 달래는 것이 아니라 "뭐 하는 거야? 앞을 똑바로 보고 걸어야지!"라고 화를 내고 아이를 때리기까지 했다. 그녀의 뇌 속에는 항상 화가 "나갈 준비 됐어요!" 하며 준비하고 있는 것과 같은 상태였다. 그래서 조금이라도 불쾌하면 불같이 화를 내곤 했다.

코칭 이후 그녀는 감정일기를 쓰면서 비로소 '화'라는 감정을 조절할 줄 알게 되었다. 이처럼 특정한 감정에 익숙해져 있으면 상황과 무관하게 그 감정이 자신을 지배할 수 있기 때문에 감정 습관을 바꾸는 노력이 필요하다.

감정 습관을 바꾸는 방법

남달리 예민하고 감정 기복이 심한 감성우뇌형은 어떤 감정이 생기면 거기에 푹 빠져버리는 경향이 있다. 만약 안 좋은 이야기를 들어서 기분이 우울하면 그 사건을 곱씹으며 몇 날 며칠 우울감을 느끼는 것이다.

감정 습관을 바꾸는 방법에는 크게 두 가지가 있다. 하나는 부정의 감정 습관을 수정하는 것이고, 다른 하나는 긍정의 감정 습관을 굳히는 것이다. 부정의 감정 습관을 바꾸기 위해서는 먼저 부정적인 감정 습관이 주로 어떤 것인지 알아야 한다. 나를 괴롭히는 감정이 생길 때마다 감정일기에 기록하면 주 감정을 알 수 있다.

그 감정은 불안이나 우울, 죄책감, 화, 열등감일 수도 있다. 날짜와 일어난 사건과 당시 느낀 감정, 생각을 적은 후에 앞으로 해나갈 바람직한 태도를 적는다. 감정의 정도를 1부터 10까지 수치로 표현해도 좋다. 이렇게 감정을 객관화해서 기록하다 보면 자신에게 주된 감정 습관이 있다는 것이 피부로 와닿는다.

스스로 되돌아보고 글로 표현하면 감정에 빠지지 않고 객관적으로 볼 수 있게 된다. 수많은 수강생과 프로젝트 참여자들이 감정을 기록하기 시작하니까 신기하게도 원인, 문제점, 해결책 등이 보인다고 증언하고 있다.

긍정적인 감정을 갖기 위해서는 자신의 감정을 자주 들여다볼수록 좋다. 주로 부정의 감정 습관을 가진 사람일수록 감정을 들여다보는 것에 익숙하지 않고 떠올릴수록 기분이 안 좋아질 거라고 생각하는데 그렇지 않다. 하루에 한 번 그날의 기분을 돌아본 사람보다 수시로 자신의 기분을 떠올린 사람들의 행복감이 훨씬 높다는 연구 결과도 있다. 일부러 좋은 감정을 찾거나 느끼려고 애쓰지 않아도 자신의 감정을 자주 느끼고 표현하는 것부터 시작하면 된다. 그러다 보면 긍정적인 감정까지 더 잘 느껴지기 때문이다. 감정일기를 하루에 세 번 이상 쓰면 기분을 자주 떠올리게 되므로 꼭 써보기를 권한다.

감성우뇌형은 다른 사람을 지나치게 배려한 나머지 화가 나거나 상대방이 듣기에 안 좋은 말을 해야 할 경우에 표현하지 못하고 감정을 억제한다. 그런 상황들을 감정일기에 쓰고 내가 원하는 바람직한 표현법을 그대로 적어보면 꽤 효과가 좋다. 나중에 비슷한 상황이 닥쳤을 때 좀 더 이성적으로 반응하고 표현할 수 있기 때문이다.

감성우뇌형인 한 30대 여성은 남편과 친정 엄마에게 하고 싶은 말을 제대로 못하고 화가 나도 참고만 살았다. 하지만 감정일기를 쓰고 나서 감정 조절과 표현을 더 잘할 수 있게 되고 가족들과의 관계도 훨씬 더 좋아졌다고 한다. 한때 정신과 상담도 받았던 터라 감정 조절에 자신이 없었는데, 감정일기를 통해 자신감을 얻고 감정을 조절할 수 있게 된 사례다.

우리 뇌는 부정적인 감정일지라도 익숙한 것을 선택한다. 감정도 습관이라는 말은 내가 주로 느끼는 감정을 얼마든지 바꿀 수 있다는 말이다. 감사를 선택했으면 감사하는 감정 습관을 들이도록 노력하고, 행복을 선택했다면 행복한 감정 습관을 들이도록 노력해보자.

감정은 주위 사람에게 쉽게 전염되기 때문에 나 자신뿐만 아니라 사랑하는 가족과 지인들을 위해서 나의 감정 습관을 들여다보고 보다 긍정적인 쪽으로 변화시켜보자. 내 감정은 내가 아니라 내 것이기 때문에 얼마든지 선택할 수 있다는 사실을 기억하자.

감성우뇌형의 성공 전략 2 - 굿뉴스가 파워를 만든다

정보를 어떻게 처리할 것인가

사람들은 대부분 '뇌' 하면 쭈글쭈글한 모양의 두개골을 떠올리는데, 뇌는 단순히 생물학적 기관이 아니라 정보처리 기관이다. 뇌를 잘 활용하기 위해서는 뇌가 정보처리 기관이라는 사실부터 알아야 한다는 것은 이미 살펴보았다. 매일 홍수처럼 밀려오는 수많은 정보들을 적극적이고 주도적으로 처리하기 위해서는 기준이 필요하다. 뇌에 들어오는 정보를 어떤 기준으로 처리하느냐에 따라 그 결과가 달라지기 때문이다. 같은 사건이라도 부정적으로 처리하면 문제가 발생할 것이고, 긍정적으로 처리하면 전혀 문제가 되지 않을 것이다. 뇌는 정보에 굉장히 민감하다. 고민이나 걱정거리가 있을 때 입맛이 사라지고 잠도 잘 못 잔 경험은 누구나 해봤을 것이다. 그러다가 누군가의 위로를 받거나 좋아하는 음악을 듣거나 스스로 마음을 다잡으면 금방 힘이 나기도 한다. 우리가 흔히 알고 있는 '긍정 파워'에는 상황과 결과를 바꾸는 힘이 있다. 따라서 어떤 정보를 받아들이는지보다 정보를 어떻게 처리하는지가 더 중요하다.

뇌의 부정적 편향성 인정하기

누구나 긍정의 힘을 알고 긍정적인 사람이 되기 위한 노력도 하지만, 막상 안 좋은 상황이 닥쳤을 때 긍정적으로 정보를 처리하기란 쉽지 않다. 그 이유는 뇌가 가진 부정적 편향성 때문이다.

뇌의 부정적 편향성은 진화 과정에서 의심, 불안, 두려움 등의 부정적인 감정이 생명을 보호하는 데 중요한 역할을 해왔기 때문에 생겨났다. 생명을 위협하는 사람에 대한 경계심에서 불안감이 생겨났고, 부정적 정보 자극에 보다 민감하게 반응하고 부정적인 경험을 우선적으로 기억하게 되었다.

또 성공 경험보다는 실패 경험을, 긍정적인 경험보다는 부정적인 경험을 우선적으로 기억한다. 이러한 부정적 성향은 과거에 있었던 실패나 상실의 감정을 쉽게 떠올리게 한다. 즉 무슨 일이 일어나지도 않았는데 불안하고 걱정이 되는 것은 자연스러운 현상이다. 새로운 일에 도전할 때 두려움이 들고 자신감이 없어지는 것도 당연하다. 이때 중요한 것은 이 부정적인 편향성을 인정하고 받아들이는 것이다.

감정이 풍부하고 예민한 감성우뇌형은 자신이 부정적인 사람이라는 인식이 유난히 강하다. 주변 사람들뿐 아니라 실제 프로젝트에서도 이 유형은 자신이 정서적·정신적으로 문제가 있어서 정신의학과에 다녔거나 상담을 가려고 했다는 사람이 꽤 많다. 하지만 타고난 두뇌 성향 때문이라는 것과 모든 인간의 뇌가 부정적 편향성을 가지고 있다는 것을 인정하면 눈에 띄게 밝아지고 감정에 휘둘리는 일도 줄어든다.

이들은 항상 부정적인 감정과 생각이 드는 자신이 문제인 줄 알았고 한다. 뇌의 작동원리를 알게 되고 다른 사람들도 다 그렇다고 받아들이는 순간, 긍정의 힘을 발휘하기가 훨씬 쉬워진다. 그래야 부정적인 감정과 생각에서 금방 빠져나올 수 있기 때문이다.

긍정 파워 발휘하기

긍정 파워는 평상시보다 위기 상황에서 더 위력을 발휘한다. 2020년 코로나 사태가 발생했을 때, 많은 사람들이 직장을 잃었고 자영업자들은 생계에 위협을 받았다. 항공사에 다니던 남편 역시 실직 후 1년이 다 되어가는 지금까지 복직을 못하고 있다. 매달 꾸준히 들어오던 월급이 끊기고 대면 강의만 해왔던 나 역시 경제 활동을 할 수 없었기에 생계 위협이 피부로 느껴졌다. 살다 보면 상상조차 해보지 않았던 일이 한 번쯤은 일어난다. 하지만 처음으로 닥친 위기 상황에서 나의 긍정 파워는 제대로 힘을 발휘했다.

시간이 남아돌자 오래전부터 하고 싶었던 책쓰기에 돌입했다. 직장을 잃고 시간이 많아진 남편이 집안일과 둘째의 재활치료를 도맡아준 덕분에 일 년도 안 돼서 두 권의 책을 출간할 수 있었다. 작가가 되고 나니 처음 시작한 온라인 활동도 훨씬 수월했다. 똑녀똑남 프로젝트 역시 1기 때부터 작가로서 공신력을 가지고 성공적으로 시작할 수 있었다. 또한 그동안 돈을 물 쓰듯 쓰다가 코로나 사태로 인해 생계의 위협을 느낀 후 부자가 되기 위한 목표와 계획을 세웠다. 매일 집콕하면서 책을 읽고 운동을 하는 등 나만의 시간을 가지며 성장을 위한 투자를 할 수 있었다. 그래서 나는 코로나 때문에 힘든 점도 많았지만 '코로나 덕분'에 얻은 것이 훨씬 더 많다.

많은 사람들이 위기 속에서도 코로나 덕분에 기회를 잡고 있다. 《고교 중퇴 배달부 연봉 1억 메신저 되다》의 저자 박현근은 코로나로 인해 몇 개월간 수입이 제로였다가 온라인에서 강의를 하면서 월수입이 2~3배 이상 올랐다고 한다. 식당을 운영하는 지인은 코로나로 인해 손님이 뚝 끊기자 집밥 같은 배달 메뉴를 개발해 큰 인기를 얻고 있다. 고난의 시간을 이겨내고 스스로 기회를 만들어낸 것이다.

위기 상황일수록 속수무책으로 무너지기보다는 자신이 할 수 있는 일에 집중하고 긍정의 힘을 믿고 노력하면 많은 것들을 이뤄낼 수 있다. 좋은 조건과 환경에서는 대부분 좋은 결과를 낸다. 그러나 악조건이나 최악의 상황에서 성과를 내기 위해서는 긍정 파워가 절대적으로 필요하다. 긍정의 힘은 모든 위인과 성공한 사람들이 지닌 특징이기도 하다. 누구나 다 알고 있는 아주 쉬운 방법이지만, 진실로 긍정의 힘을 믿고 순수하게 그 힘을 발휘하는 사람은 많지 않다. 자신의 뇌를 온전히 믿고 원하는 대로 잘 사용할 수 있을 때 긍정의 힘을 발휘할 수 있다.

모든 유형에 좋은
성공 전략

성공 전략 1 - 유형별로 다르게 하자

각 유형별로 목표와 계획을 세우고 실천하는 방법

브레인 루틴의 목표를 설정할 때는 두뇌 유형별로 방식을 다르게 하는 것이 좋다. 이성좌뇌형은 논리적이고 분석적인 특징을 보이고 글을 잘 쓰므로 리스트형 목표를 설정하는 것이 좋다. 우선순위에 따라 목표 리스트를 작성하고 목표를 이루기 위해 매일 해야 할 것들을 시간 순서로 기록하고 체크해나가면 된다.

감성좌뇌형은 체계적이며 구조화와 조직화를 잘하기 때문에 구조화형 목표 설정 방법이 좋다. 자유연상을 통한 단어와 그림을 적는 마인드맵이 적합하다.

창의적이고 시각적 자료에 민감한 이성우뇌형은 이미지형 목표

를 설정하는 것이 좋다. 비전 보드에 원하는 모습을 사진이나 그림
으로 붙여놓거나 Hope Tree를 이용하는 것도 좋다. Hope Tree
는 나무 모양의 그림이나 모형, 실제 나무 등에 자신의 목표 및 희
망을 사진이나 그림을 이용해 꾸미는 것이다.

　감정적이고 활동적인 감성우뇌형은 활동형 목표가 좋다. 자신
의 목표에 맞는 영화나 드라마의 장면, 사진, 음악 등을 이용해 직
접 영상을 만들어도 좋다.

| 두뇌 유형별 목표 설정 및 실천 방법 |

두뇌 유형	목표 설정 방법	실천 방법
이성좌뇌형	리스트형 목표	매일 할 것을 체크하기
감성좌뇌형	구조화형 목표	마인드맵
이성우뇌형	이미지형 목표	비전 보드, Hope Tree
감성우뇌형	활동형 목표	영상 만들기

　목표를 세웠으면 이를 이루기 위한 계획도 반드시 필요하다. 인
생 전체를 놓고 보면 단기 목표는 연간 계획을 통해 이루고 중·장
기 목표는 평생 계획을 통해 이루는데, 처음 브레인 루틴을 만들
때는 연간 목표와 계획을 세우는 것부터 시작하는 것이 좋다. 그다
음에 1년을 기준으로 월별 계획과 주간 계획을 꼼꼼하게 세운다.
좌뇌형은 체계적이며 과거, 현재, 미래 등 장기간 시간 인식이 가
능하므로 중·장기 계획을 세우는 것이 쉽다. 그러나 우뇌형은 시
간적인 개념에서 단기적이며 여유를 중시하기 때문에 중·장기 계

획 세우는 것을 어려워한다. 이 경우에는 월별 계획과 일일 계획을
중점적으로 세우면 된다. 또 우뇌형은 단기간에 빨리 계획을 지키
는 것이 어려우므로 그룹에서 상호작용을 통해 주기적으로 피드
백을 주고받는 것이 좋다.

남다르게 실천하자

비전과 목표, 계획을 세웠으면 이제 남은 것은 지속적인 실천
과 피드백이다. 앞서 살펴본 브레인 시트지처럼 자신의 실천 사항
을 매일 체크하면 실천력을 높일 수 있다. 완전히 루틴으로 자리잡
기 전까지는 매일 인증하는 것이 좋다. 혼자서 하는 경우라면 SNS
를 이용한다. 우뇌형은 가까운 지인들을 모아 모임을 만들어 함께
하는 것도 좋은 방법이다. 구성원들끼리 정보를 공유하고 매일 인
증하면 된다. 자신이 의지가 약하다고 생각되면 이 인증 방법을 잘
활용해야 한다.

인증은 남에게 보여주기 위한 것이라기보다는 일종의 기록이
다. 비포앤애프터 사진이나 중간 과정의 기록을 잘 남겨놓으면 자
신의 발전 모습을 볼 수 있고 성공에 대한 확신이 커져서 이후에
다른 루틴을 더 쉽게 만들 수 있다.

각 유형별로 자신의 강점을 최대한 활용하고 약점을 보완해서
계획과 목표를 세워 실천해나가면 쉽고 남다르게 시작할 수 있다.
일단 시작했으면 될 때까지 계속하면 무조건 성공한다. 몇 주 혹은

몇 달이 걸리든 언젠가는 되기 마련이다. 여러분의 뇌 속에 '왜 안 되지?', '난 안 돼'가 아니라 '될 때까지!'를 계속 입력하길 바란다.

좋은 습관을 들이고 나쁜 습관을 없애야 하는데도 불구하고 우리가 시작하지 못하는 이유와 지속하지 못하는 이유는 무수히 많다. 이 핑계 저 핑계 대다 보면 세월은 흐르고 1년, 5년, 10년 후에도 변함없는 자신의 모습만 남을 뿐이다. 매일 삼시세끼를 먹듯이 좋은 습관도 무의식 중에 자연스럽게 행해지는 일상이 되도록 해보자. 집마다 삼시세끼 먹는 시간과 방법은 다르다.

주로 집밥을 해 먹는 집과 외식이나 배달 음식을 자주 먹는 집이 있는 것처럼 말이다. 유형별로 성공적인 전략들을 참고하여 자신의 두뇌 유형과 그에 맞는 방식으로, 내 입맛대로 루틴을 설정해놓고 매일 그냥 실천해보자. 단순하게, 매일 그냥 실천하다 보면 점점 삶이 바뀌게 된다.

성공 전략 2 - 쓰면 이루어지는 종이 위의 기적

기록한 계획 vs 기록하지 않은 계획

통계에 따르면 전 세계 대다수 사람이 목표나 비전 없이 살아간다고 한다. 단 10%의 사람들만 마음속에 뚜렷한 목표를 가지고 있으며, 그중에서도 소수만이 마음이 아닌 글로 적은 목표나 비전, 인생을 위한 자신만의 계획서를 갖고 살아간다. 많은 자기계발서에는 예일 대학교와 하버드 대학교의 연구 결과가 인용되곤 한다. 예일 대학교의 연구에서는 졸업 당시 인생의 구체적인 목표와 계획을 적어놓은 3%가 20년 후 나머지 97%보다 더 많은 부를 가지고 있었다는 결과가 나왔다. 하버드 대학교의 연구에서는 이 3%가 10년 후에 나머지 97%보다 무려 10배의 수입을 올리고 있다고 한다.

지금껏 이 연구를 믿었던 독자들에게는 미안하지만, 이는 실존하는 연구가 아닌 허구다. 목표와 기록의 중요성을 언급할 때 인용하기 좋아서 나도 철석같이 믿고 있었다. 허구라는 사실을 알고 처음에는 다소 충격을 받았지만, 다행히 이와 비슷한 연구가 2007년에 도미니칸 대학교에서 있었다. 이 연구에서는 목표를 떠올리기만 한 그룹에 비해 목표를 적은 그룹이 4주 후에 평균 달성도가 더 높았다고 밝혔다. 나의 경험만 놓고 봐도 구체적으로 기록해놓은 계획은 늦더라도 대부분 실현됐는데 마음속으로만 생각한 것들은 아직 이루지 못한 것이 많다. 그 이유가 무엇일까?

평범한 사람이 종이 위의 기적을 이룬 사례

종이 위에 쓰면 이루어지는 기적이 종종 일어난다. 《아이를 살리고, 나는 더 단단해졌다》의 저자 한결은 평범한 사람이 종이 위의 기적을 이룬 사례다. 2020년 말에 구독자 백만 명이 넘는 유튜브 채널 '신사임당'에 출연했는데, 집에서 아픈 아이를 키워야 하는 그녀는 기존의 화려한 출연자들처럼 월 수천만 원, 수억 원의 수입이 아닌 '방구석 워킹맘'이라는 콘셉트로 월 150만 원 정도의 수입을 올리는 비결을 풀어놓았다. 그녀는 신사임당 채널에 출연하는 것이 버킷리스트여서 종이에 적은 후에 가지고 다니며 계속해서 읽었다고 한다. 용기 내어 보낸 이메일 한 통으로 드디어 꿈을 이룰 수 있었다. 만약 생각하기만 하고 기록하지 않았다면, 그리고 이메일을 보내지 않았다면 그 꿈은 아직도 이루어지지 않았을 것이다.

나 역시도 살면서 종이 위의 기적을 몇 차례 경험했다. 가장 최근에는 2019년 말 오랜 꿈이었던 작가가 되기로 결심하고 실행에 옮기기 시작했다. 그 첫 번째는 바로 다이어리에 목표를 적는 것이었다. '2020년 책 출간'과 '베스트셀러 작가'라고 썼다.

그때의 기록을 살펴보니 추석 연휴 전날인 9월 29일에 발간 목표라고 적혀 있었는데 그보다 앞선 9월 10일에 첫 책《일류 두뇌》가 나왔다. 그리고 9월 17일에 '베스트셀러' 딱지가 붙었다. 초고를 쓰기 시작한 게 4월 말이었으니까 그 날짜를 적으면서 '이렇게 빨리 될까? 아무래도 이건 힘들 거야'라는 생각을 했다. 하지만 책을 손에 쥐고 서점에서 내 책을 보는 순간을 계속해서 상상했더니, 어느 순간 심장이 쿵 떨어지는 것처럼 설레기 시작했다.

잠재의식의 대가 조셉 머피에 의하면 이때가 소망이 잠재의식에 입력된 순간이다. 지금 생각해도 글 한 편도 제대로 써본 적이 없는데 책을 그렇게 빨리 출간한 것은 기적과도 같다. 2020년 말 또 다른 기적을 위해 나는 새해 목표와 계획을 적었다. 2021년에는 책을 두 권 출간하기, 보정 없이 바디 프로필 찍기, 유명 유튜브 채널이나 TV에 출연하기, 제주도에 전망 좋은 땅 200평 사기 등이었다. 그리고 매일 아침 브레인 명상을 한 후에 바인더에 적는다. 물론 반드시 이뤄진다는 것을 믿어 의심치 않는다. 기록의 힘과 나의 뇌에 대한 강한 믿음이다.

종이 위의 기적이 이루어지는 이유는 우리 뇌가 글자와 숫자 또는 이미지로 된 명확한 목표가 있을 때 더 민감하게 반응하기 때문이다. 명확한 목표를 시각이나 청각을 통해 계속 입력시키면 그것을 매우 중요하고 꼭 이루어야 하는 것이라고 인식한다. 예를 들어 막연하게 부자가 되기를 바라는 것보다 기간과 함께 금액이나 부동산 몇 채와 같이 구체적이고 실현 가능한 목표와 계획을 적을 때 달성 확률이 높아진다.

종이에 써야 하는 이유

기록의 중요성은 아무리 강조해도 지나치지 않는다. 여기서 기록은 디지털과 아날로그 둘 다를 의미한다. 요즘 사람들은 펜과 종이를 잘 사용하지 않는다. 컴퓨터 자판기나 휴대폰 키패드를 훨씬 많이 사용한다. 많이 써본 사람은 알겠지만, 이 디지털 기기들을 쓰면 눈과 손목이 피로해진다. 나도 한때 스마트폰을 너무 많이 사용한 나머지 손목 통증으로 고생한 적이 있다. 항상 가지고 다니는 스마트폰에 기록해놓으면 편리하긴 하다. 그러나 한 해의 목표와 계획, 인생의 비전과 꿈 정도는 반드시 종이에 적어보기를 권한다. 손으로 직접 쓸 때 뇌가 더 활성화되며 잠재의식이 더 강하게 반응을 하기 때문이다.

그럼 종이 위에 쓰기만 하면 아무 노력을 하지 않아도 저절로 이뤄질까? 그렇지 않다. 종이 위에 쓴 것을 항상 가지고 다니며 그 꿈을 향해서 한 걸음씩 다가가는 노력을 해야 한다. 종이 위에 쓴 명확한 목표가 있고 실현 불가능할 것이라는 의심과 두려움 없이 자기 자신을 믿고 행하면 뇌통합이 되어 평범한 사람이라도 원하는 것을 이룰 수 있다.

지금 당장 종이와 펜을 꺼내어 기록해보자. 그리고 당신의 기적을 이뤄내자!

성공 전략 3 - 슬럼프 극복하기

슬럼프 인정하기

슬럼프의 사전적 정의는 운동선수나 무용수 등이 자신의 실력을 제대로 발휘하지 못하고 저조한 상태가 길게 지속되는 일을 말한다. 그러나 슬럼프는 누구에게나 온다. 특히 기존의 나쁜 습관들을 고치기 위해 매일 루틴을 반복하는 일은 뇌의 에너지가 많이 들고 힘들어서 슬럼프가 종종 찾아온다. 일반적으로는 슬럼프가 끝나면 정상적인 컨디션을 회복한다. 그러나 습관을 만들 때는 완전히 루틴으로 자리잡기 전에 온 슬럼프로 인해 아예 포기하게 될 수도 있다. 프로젝트에서도 주기적으로 오는 슬럼프와 감정의 기복을 극복하지 못하고 중도 포기하는 사례가 꽤 많았다. 그만큼 사람의 뇌가 변화하기 힘들다는 의미기도 하다.

열심히 하던 루틴이 재미가 없고 부담으로 느껴진다면 슬럼프의 신호탄이다. 여기에 '이렇게 힘든 걸 해서 뭣하나?'라는 생각이 더해지면 '다 때려치우자'라며 포기하게 된다. 이때 중요한 것은 나에게 슬럼프가 왔다고 인정하는 것이다. 슬럼프가 왔다는 것을 알고 인정하기만 해도 벗어나는 경우가 많았다. 그다음으로는 루틴을 변화하는 것이 필요하다. 컨디션이 회복될 때까지는 부담을 내려놓고 작은 것 한 가지라도 꾸준히 지키거나 지금까지와는 전혀 다른 새로운 것을 해보는 것이다. 독서를 매일 해왔다면 독서 시간이나 횟수를 줄이고 지금껏 안 읽어본 장르의 독서를 시도해보면 된다. 슬럼프를 인정하게 되면 초기에 다양한 변화와 시도로 슬럼프를 금방 극복할 수 있지만, 그렇지 않으면 슬럼프가 심해져 아무것도 하기 싫은 포기 상태가 오래 지속될 수 있다.

네 가지 슬럼프 극복법

루틴을 만들 때 겪는 슬럼프를 어떻게 극복할 수 있을까? 네 가지 대표적인 극복 방법이 있다.

첫 번째, 초심으로 돌아가는 것이다. '내가 왜 습관을 만들려고 했고 무엇을 위해 노력하는가?'라는 질문을 떠올려본다. 힘들어하던 프로젝트 참가자들은 초심을 떠올리기만 해도 다시 처음의 열정과 의욕을 되찾기도 했다.

다음은 실제 신청서에 적힌 초심 사례다.

- 좋은 습관을 만들기 위해서
- 시간 관리와 자기 관리를 위해서
- 삶의 변화를 위해서
- 건강한 다이어트가 시급해서
- 나를 아끼고 사랑하기 위해서
- 건강을 되찾고 경제적 자유를 이루고 싶어서

만약 특별한 이유 없이 좋아 보이거나 다른 사람이 하니까 따라서 시작했다면 마음가짐을 새롭게 하고 다시 출발하길 바란다. 수년에서 수십 년 동안 형성된 견고한 뇌회로가 가벼운 마음으로 따라 해서는 쉽게 바뀌지 않기 때문이다. 자신만의 확고한 목적이 있어야 슬럼프도 극복할 수 있다.

두 번째는 멘토를 만드는 것이다. 자신이 잘하는 것은 무엇인지, 문제점과 부족한 점이 무엇인지 적절히 코칭과 동기부여를 해줄 전문가가 있으면 슬럼프에서 벗어나기 쉽다. 프로젝트 참가자들과 일대일 전화 코칭을 하다 보면 적절한 질문만 잘 던져줘도 스스로 문제점을 찾아간다. 또 자신이 이미 답을 알고 있는데도 실천하지 못하고 있으면, 적절한 동기부여를 통해 다시 힘을 얻을 수 있다. 만약 멘토가 없다면 관련 책을 읽거나 강의를 듣는 것도 좋은 방법이다.

세 번째는 동지를 만나야 한다. 나와 비슷한 경험을 하고 있는 사람들과 함께 이야기를 나누다 보면 위로를 얻을 수 있다. 또한 변화하려면 오랜 시간이 걸리며 그 과정에서 누구나 나처럼 어려움을 겪고 슬럼프에도 빠진다는 것을 알게 된다. 멘토가 없을 경우에는 동지라도 있어야 슬럼프를 극복하기가 쉬워진다.

마지막으로 타인에게 알려주는 방법이 있다. 자신이 조금이라도 성공한 것을 가족이나 주변 사람들에게 알려주는 것이다. 자신의 성공 경험을 타인과 나누고 도움을 주면 가슴이 살아나고 저절로 초심으로 돌아가게 된다.

브레인 루틴을 만들어가는 과정에서 슬럼프는 여러 번 주기적으로 찾아올 수 있다. 그때마다 바로 인지하고 네 가지 방법 중 최소한 개 이상이라도 적용해서 슬럼프를 슬기롭게 극복하길 바란다.

지금까지 두뇌 유형별로 특징 및 장점과 루틴을 만들 때 주의할 점, 성공 전략을 살펴보았다. 자신의 유형인데 맞지 않은 부분도 있을 것이고, 다른 유형의 전략이 더 좋은 경우도 있을 것이다. 앞서 강조했듯이 뇌를 정확히 구분하는 것은 불가능하므로, 고도로 복잡하고 이해하기 어려운 뇌를 더 쉽게 이해하고 활용하기 위한 것임을 염두에 두길 바란다.

다음 장에서는 항상 결심하지만, 작심삼일로 끝나고 마는 것들을 다룬다. 다이어트, 운동, 새벽 기상, 디지털 디톡스, 독서, 정리 정돈 등의 결심이 매번 작심삼일로 끝나는 사람들에게 큰 도움이 될 것이다.

4장

작심삼일을
이기는 법

Brain
Routine

영원한 숙제, 다이어트

내게는 너무 쉬운 다이어트

뇌에 최대의 적은 무엇일까? 그것은 스트레스와 비만이다. 특히 복부 지방은 몸 안에 염증을 증가시켜 장기적으로 뇌에 손상을 입힐 수 있다. 현대인의 활동은 줄어든 반면 식단은 풍성해져서 비만은 전 세계적인 문제가 되고 있다. 세계무역기구(WTO)에 의하면, 1975년 이래로 전 세계 비만 인구가 3배 이상 증가했다. 우리나라역시 2019년 보건복지부의 발표에 따르면, 성인 3명당 1명 이상이비만이다. 그래서인지 요즘은 남녀노소를 불문하고 다이어트를하는데 평생 숙제라고 할 만큼 성공하기가 어렵다. 특히 여성이라면 나이를 불문하고 한 번쯤은 다이어트를 해봤을 것이다. 나 역시첫 아이를 출산하고 나서부터 지금까지 15년 이상 다이어트를 해왔는데 열심히 해도 결과가 만족스럽지 않을 때가 많았다.

최근 1년 동안은 그간의 경험과 뇌과학적 지식을 바탕으로 한 브레인 루틴을 만들어서 다이어트를 하고 있는데, 40대 중반의 나이에 복근녀라는 별명을 얻었고 바디 프로필도 찍었다. 매일 새벽에 일어나고 활동량이 엄청난데도 낮잠을 자지 않고 아픈 곳 없이 늘 활기차다. 혹자는 건강과 몸매를 유지하기 위해 엄청 고생하는 줄 아는데 전혀 힘들지 않다. 그냥 밥 먹듯이 자연스럽고 쉽게 하고 있다. 드디어 다이어트에 해법을 발견하고 바람직한 생활습관으로 건강까지 챙기고 있는 셈이다.

Setting Point 바꾸기

다이어트를 할 때 가장 먼저 하는 것이 운동이다. 흔히 운동을 하면 지방이 연소되어 살이 바로 빠질 거라고 생각하지만 그렇지 않다. 우리 뇌의 뇌하수체에는 체중조절 중추가 있어서 체중이 일정하게 유지되도록 조절한다. 예를 들어 60kg인 사람이 55kg까지 살을 뺐다고 하면 우리 뇌는 체중을 여전히 60kg으로 인식해서 자꾸 예전 상태로 돌아가려고 한다. Setting Point라고 부르는 이 기전 때문에 요요현상이 생기는 것이다. 따라서 굶거나 극단적인 식이요법을 통해 단기간에 하는 다이어트 대신 운동으로 근육량을 늘려서 기초대사량을 높여야 한다.

Setting Point는 사람에 따라 다르지만 최소 3개월에서 6개월은 꾸준히 운동을 해야 같은 음식량에 비례해 살이 덜 찌는 체질로 바뀔 수 있다. 다이어트를 단거리 달리기로 생각한다면 먼저 그 인식부터 바꾸자. 우리 몸은 매우 정직해서 단기간에 성공한다면 단기간에 그 밑천이 드러난다.

운동을 통해 근육량을 늘리고 기초대사량을 높여도 폭식을 하거나 음식을 과도하게 섭취하고 움직이지 않는다면 살이 찌는 것은 당연하다. 우리가 이미 정답을 알고 있듯이 체질과 Setting Point를 바꾸는 다이어트를 하기 위해서는 운동과 식이요법을 병행해야 한다. 다음 장에서 운동을 살펴보기로 하고 바람직한 식이요법을 알아보기 위해 우선 식이요법에 관한 잘못된 상식부터 바로 잡아보자.

식이요법에 관한 잘못된 상식

다이어트를 할 때 일반적으로 탄수화물 섭취를 줄이는 것이 좋다고 알려져 있다. 대부분의 사람들은 다이어트를 시작하면 탄수화물을 끊거나 줄인다. 하지만 2015년 호주 시드니 대학교 찰스퍼킨스센터 연구원에서 이 사실을 뒤엎는 연구 결과를 생물학 분야 국제학술지 〈셀 리포츠(Cell Reports)〉에 발표했다. 그 연구에서는 '저단백-고탄수화물' 식단을 먹은 쥐가 대사활동이 활발한 것으로 밝혀졌다. 반면, 칼로리를 제한하는 식이요법은 오래 할 수 없고 장기간 지속하면 근골격 손실과 호르몬 이상으로 인한 성욕 감소를 일으키며 폭식증 등 식사 장애를 유발할 수 있다고 밝혔다. 일반적인 상식과 달리, '저단백-고탄수화물'의 식사를 오래 할 수 있으며, 정상적인 양의 음식으로 영양에 문제가 없으면서도 체중은 늘지 않는다는 것이다.

고단백질 식단 역시 잘못 알려진 정보다. 세계보건기구에서도 이미 단백질을 전체 칼로리에서 10%만 섭취해도 충분하다는 결론을 내렸다. 단백질은 고기뿐만 아니라 식물에도 풍부하게 들어 있기 때문에 채식주의자도 단백질 결핍 없이 정상적인 생활을 할 수 있다. '저탄수화물-고단백질' 식단은 한국인에게 고역이다. 전문적으로 근육을 만드는 선수나 트레이너들을 제외한 일반인들은 하루라도 빨리 단백질의 환상에서 벗어나야 한다.

지방에 대해서도 잘못 알고 있다. 미국 사회에서 비만이 사회문제가 되자 농무부에서 내놓은 식단은 '저지방-저탄수화물-고단백' 식단이었지만, 결과적으로 비만 인구를 폭발적으로 증가시켰다. 결론적으로 우리가 다이어트 식단으로 알고 있는 '저지방-저탄수화물-고단백' 식단은 해답이 될 수 없다. 오히려 장기적으로 봤을 때 비만이 되기 위한 식단이라고 할 수 있다. 제대로 된 다이어트를 하려면 다이어트 식단에 대한 오해부터 바로잡아야 한다. 필수 영양소가 들어간 음식을 골고루 먹는 것이 가장 좋은 식이요법이자 건강한 다이어트 식단이다.

뇌에 바람직한 식이요법

쌀밥을 주식으로 먹는 한국인이 다이어트를 한다고 밥을 비롯한 탄수화물을 끊으면 안 된다. 갑자기 굶거나 칼로리를 심하게 제한하는 방법은 뇌의 강력한 저항을 불러일으킨다. 앞서 살폈듯이 우리 뇌는 변화하지 않으려는 속성이 있는데, 식욕과 같은 기본적인 욕구는 생존과 관련이 있기 때문에 저항이 더 거세다. 다이어트 식단에 집착하기보다는 뇌에 적당한 열량과 좋은 영양소를 공급하면서 보상체계를 정상적으로 되돌리는 것이 중요하다.

뇌는 특별히 보상받을 만하다고 정보가 저장된 음식을 통해 배고픔에 대한 보상을 받는다. 그런데 가공식품이나 즉석조리 식품, 패스트푸드를 먹으면 보상체계가 과하게 활성화되어 포만감을 느끼게 하는 호르몬인 렙틴이 식욕을 억제하지 못하도록 한다. 즉 칼로리가 이미 충분한데도 계속해서 먹는 것이다. 너무 자주 많은 양의 음식을 먹는 것도 렙틴의 효력을 떨어트린다. 포만감이 늦게 찾아오고 보상체계에 도달하는 신호도 약해져서 만족스럽지 않다. 그래서 음식을 점점 더 많이 먹게 되는 악순환에 빠진다.

따라서 평소에 집밥과 같은 건강한 음식들을 규칙적으로 적당량 섭취해서 보상체계와 렙틴의 기능을 정상적으로 유지하는 것이 필요하다.

식욕을 쉽게 억제하는 방법

먹는 것을 좋아하는 사람은 다이어트를 할 때 식욕 억제를 가장 힘들어하는데 별도의 비용을 들이지 않고 누구나 쉽게 할 수 있는 방법이 있다. 바로 뇌를 속이면 된다. 1장의 '뇌 속이기' 편으로 돌아가서 다시 한번 읽어보자. 뇌는 상상과 현실을 구분하지 못하기 때문에 맛있는 음식을 눈앞에 두고 혐오스럽거나 비위생적인 것을 떠올리면 식욕이 사라진다. 도저히 식욕 억제가 안 될 때는 노시보 효과를 이용하면 불필요한 야식이나 간식, 과식을 피할 수 있다.

식욕을 억제하는 또 다른 방법으로 이미지에 민감한 우뇌형은 자극이 될 만한 건강하고 멋진 몸매의 사진을 출력하거나 휴대폰 바탕 화면에 저장해놓고 자주 쳐다보는 것이 좋다. 그것만으로도 식욕이 억제된다는 사례가 많았다. 감성우뇌형인 30대 여성은 야식의 유혹이 있을 때마다 사진을 보고 식욕을 억제하고 운동을 병행해서 한 달 만에 체중 5kg 감량에 성공했다. 숫자에 민감하고 타인보다는 자신의 몸 사진에 영향을 받는 좌뇌형은 작아진 옷이나 한 치수 적은 옷을 사놓고 주기적으로 입어볼 것을 권한다. 나 역시 작아진 청바지를 수시로 입어보고 거울에 비춰보면서 바디 라인을 측정하고 있다. 한밤중에 야식이 먹고 싶을 때 그 청바지를 입으면 즉각적으로 식욕이 떨어진다.

운동 없이도 살을 빼는 비법

운동을 안 하고 다이어트를 할 순 없을까? 그런 방법이 있다면 누구나 두 팔 벌려 환영할 것이다. 획기적으로 체중이 줄어들진 않더라도 운동 없이도 살을 빼는 쉬운 방법이 있다. 그것은 바로 하루에 물을 2L 이상 마시는 것이다. '물 다이어트'는 몸 안의 독소를 빼내는 디톡스 다이어트 중 하나다. 지방이 분해될 때 제때 물을 많이 마시면 노폐물이나 독소의 배출이 원활해진다. 프로젝트 참가자들 중에는 운동을 하지 않고 매일 물 2L만 마셨는데도 한 달 동안 살이 1.5kg, 2kg씩 빠진 사례가 있었다. 안 마시던 물을 마시니 배가 불러 간식 생각이 줄어들었다고도 한다.

한 번에 끝나지 않고 종일 여러 번 해야 하는 습관은 지키기 더욱 어렵다. 이런 경우에는 뇌의 연상작용을 잘 이용하면 된다. 뇌는 연상으로 작동하기 때문에 어떤 대상을 접하면 자동으로 다른 대상을 떠올리게 된다. 예를 들어 연필을 보면 어떤 사람은 종이를 떠올리고 어떤 사람은 공부를 떠올린다. 연상작용은 개인의 경험에 따라 다르게 나타나기 때문이다. 같은 사람일지라도 심리 상태나 주변 환경에 따라 다른 것을 떠올리기도 한다.

물을 자주 마시려면 물병을 항상 눈에 보이도록 하면 된다. 연상작용을 이용해 '물병이 보이면 물을 마신다'라고 뇌에 입력해놓으면 크게 힘들이지 않고도 하루에 물을 2L 이상씩 마실 수 있다. 처음 시작하면 화장실을 너무 자주 가게 되어 포기하는 경우가 더

러 있다. 하지만 노폐물을 빼내고 몸이 적응하는 과정이기 때문에 며칠만 지나면 화장실에 가는 횟수도 줄어든다. 처음부터 2L가 힘들면 1L부터 시작해서 늘려가도 좋다.

나는 3년 전부터 매일 물을 2L 이상씩 마셨다. 그런데 외출하거나 바쁜 날은 물 마시는 것을 자꾸 잊어버려서 아예 전용 물병을 정했다. 830mL 텀블러를 전용으로 정해놓고 나서는 그 텀블러로 물을 세 번 이상 마시는 것으로 물을 매일 2L 이상 마실 수 있게 되었다.

생활 속 운동하기

운동을 싫어하거나 할 시간이 없는 경우에는 생활 속에서 손쉽게 운동하는 것을 추천한다. 엘리베이터 대신 계단을 이용해보자. 가만히 서 있을 때는 아랫배와 엉덩이에 힘주고 발뒤꿈치를 반복적으로 들었다 내리고, 의자에 앉아 있을 때는 배와 항문에 힘을 줘보자. 특별히 운동을 하지 않아도 항상 배에 힘을 주는 것만으로도 뱃살을 없앨 수 있다. 이 방법이 성공하기 힘든 것은 배에 힘주는 것을 잊어버리기 때문이다. 실제로 그 효과는 엄청나다. 믿기지 않겠지만 내가 식스팩을 만든 주된 비결은 바로 시도 때도 없이 배에 힘을 주는 것이다.

배에 힘주기와 함께 일상에서 손쉽게 할 수 있는 다이어트 비법으로는 항문에 힘주기가 있다. 일본의 연예인이자 대장항문병학회 전문의가 공인한 항문 근육 트레이너인 쿠조 유키코의 저서 《날씬해지고 싶다면 항문을 조여라》에는 항문을 조이는 운동법이 소개되어 있다.

하지만 굳이 운동 동작을 취하지 않아도 수시에 힘을 주기만 해도 된다. 항문에 힘을 주면 엉덩이, 허벅지, 배, 등의 근육까지 힘이 들어가게 된다. 근육은 서로 연결되어 온몸으로 이어지기 때문에 한 부위를 단련하면 그 부위를 비롯하여 주변 근육도 탄탄해진다. 우리 몸에 있는 근육 중 70~80%는 엉덩이와 허벅지 사이에 있다. 따라서 항문 근육이 튼튼해지면 그 주변의 큰 근육들이 단련되어 기초대사가 높아져 살이 잘 빠지는 체질로 변한다.

출퇴근할 때 걷거나 청소, 빨래 등 집안일을 할 때도 운동을 한다고 생각하면 자세나 움직임을 잘 통제할 수 있다. 이때 가장 중요한 것은 '뇌 속이기' 편에서 본 것처럼 일상의 움직임이 운동이라고 뇌에 확실하게 정보입력을 해야 실제로 운동을 하지 않아도 칼로리가 소모된다.

다이어트는 힘든 숙제가 아니다. 얼마든지 쉽고 재미있게 할 수 있다. 이를 위해서는 '나는 건강하다. 건강을 위한 다이어트는 즐겁다'라고 항상 자기 암시를 해야 한다. 긍정적인 자기 암시는 실패에 대한 두려움과 불안을 일으키는 편도체의 흥분을 억제하기 때문에 반드시 필요하다. 편도체가 민감하게 작동하면 시도 자체를 못하거나 하다가도 금방 포기한다. 그동안 수많은 다이어트 실패 경험이 있다면 실패에 대한 두려움이 더 크기 때문에 자기 암시를 강화시켜야 한다.

다이어트가 단순히 살을 빼는 것이 아니라 운동, 식이요법, 수면 등 전반적인 생활습관을 리모델링하는 것임을 잊지 말자. 내게 다이어트가 너무 쉬운 이유는 완전한 생활습관으로 자리잡았기 때문이다. 매일 일정한 시간에 세끼를 먹고 외식이나 배달보다는 주로 건강한 집밥을 먹으며 노시보 효과를 이용해 야식이나 간식을 거의 먹지 않는다. 간식이 생각날 때마다 물을 마시기도 한다.

요즘처럼 집안에만 있을 때는 수시로 생활 속 운동을 하며 뇌를 속이고 있다. 최근 1년간은 컴퓨터 앞에 앉아 있는 시간이 많았는데 항상 배와 항문에 힘을 준다. 그러면 허리도 펴지고 바른 자세로 앉게 된다. 무엇보다 '내겐 다이어트가 쉽다'라는 긍정적인 자기 암시 덕분에 다이어트 부담감을 전혀 느끼지 않고 있다. 여러분도 이제 다이어트를 해결하지 못한 숙제로 여기지 말고 나만의 브레인 루틴을 만들어 건강한 다이어트에 꼭 성공하길 바란다.

운동습관
기르기

운동 습관이 없는 사람들

새해가 되면 남녀노소를 불문하고 가장 먼저 계획하는 것이 바로 운동이다. 이번만큼은 운동 습관을 만들어 예쁜 몸매나 근육질 몸매로 재탄생하려는 사람들이 의욕 넘치게 헬스장에 일 년치를 등록하기도 한다. 하지만 작심삼일의 효과로 연초에만 사람들이 넘치고 1월이 채 지나가기 전에 대부분이 자취를 감춘다. 그마저도 코로나19 사태 이후로는 대부분의 운동시설이 문을 닫아 새해가 되었는데도 운동을 시작조차 못 해본 사람이 수두룩하다. 오죽하면 확진자를 패러디한 '확찐자'라는 표현이 생겼을까?

운동이 꼭 필요하다는 걸 알면서도 규칙적으로 꾸준히 운동하기 어려운 이유는 무엇일까? 가족과 지인 중에서도 건강상의 이유로 운동을 반드시 해야 하는 사람들조차 하지 않는 경우가 있다.

다이어트를 할 때마다 운동하기 싫어서 굶거나 소식하느라 배고 픔을 견디는 사람도 종종 봤다. 예전에 나는 운동하지 않는 사람이 나 뚱뚱한 사람은 게으르고 의지가 약하다는 편견을 갖고 있었다. 변화하기 위한 운동은 힘이 들고 엄청난 시간과 노력을 필요로 하 기 때문이다. 다른 모습과 다른 삶을 원하면서도 정작 실천은 하지 않아서 의지와 실천력, 성실성 모두 약한 사람들이라고 말이다.

하지만 여러 유형의 사람들과 프로젝트를 해본 결과, 운동하는 습관이 없는 사람들 대부분이 자신에게 맞는 운동법을 못 찾았거 나 그동안 힘들게만 운동한 경험 때문에 운동을 못하는 것임을 알 게 되었다. 운동에 대한 부담과 거부감을 줄이고 자신에게 맞는 운 동으로 즐겁게 한다면 누구나 운동 습관을 기를 수 있다.

운동의 뇌과학적 효과

운동을 하면 기분이 좋아지는데 그 이유를 아는 사람은 별로 없 다. 스트레스가 사라지고 뭉친 근육이 풀어지거나 엔도르핀 수치 가 높아지기 때문이라고 짐작할 뿐이다. 유쾌한 기분이 드는 진짜 이유는 운동을 하면 뇌에 혈액이 공급되어 뇌가 최적의 상태가 되 기 때문이다. 근육이 발달하고 심장과 폐 기능이 개선되는 것은 부 수적인 효과다. 운동은 우울증, 공포증 등의 기분 장애뿐만 아니라 ADHD(주의력결핍 과잉행동장애), 약물 중독, 임신 및 폐경기 증후군,

치매 등에 이르는 각종 질병을 예방하는 데도 최고의 효과가 있다. 사람들은 보통 뇌가 외부의 영향을 받지 않는 것으로 생각하는데 전혀 그렇지 않다. 운동은 얼마든지 뇌에 영향을 미칠 수 있다.

하버드 대학교 존 레이티 박사는《운동화 신은 뇌》를 통해 운동이 뇌 건강에 미치는 놀라운 영향력을 알렸다. '머리가 나쁘면 손발이 고생한다'라는 말이 있는데, 과학적으로는 '몸을 쓰지 않으면 머리가 고생한다'가 맞는 말이다. 그는 지속적인 운동이 뇌세포를 자라게 해서 집중력과 이해력 향상에 긍정적인 영향을 미치고 정신적인 장애를 치료하는 최선의 치료법임을 밝혀냈다. 또한 '운동이 뇌를 최적의 상태로 만든다'라고 강조한다.

운동이 근육에 미치는 영향만큼 인지 능력도 향상시킨다는 연구 결과도 있다. 또한 빠르게 걷기 같은 운동이 뇌의 고차원적 기능을 개선하고 운동을 하면 뇌졸중이 적게 일어나며 뇌에 염증도 덜 생기고 신경전달 물질의 수준이 더 높다는 연구 결과가 있다. 운동을 안 하면 기억을 관장하는 뇌의 해마 부분이 점차 줄어들고 평생 운동을 한 사람이 그렇지 않은 사람에 비해 인지 능력이 크게 향상된다는 것도 밝혀졌다. 이 외에도 운동을 해야 하는 이유는 무수히 많다.

컬럼비아 대학교 프랭크 부스 박사는 "인간은 원래부터 활발한 신체적 활동을 하도록 프로그래밍된 존재"라고 지적했다. 신경과학자 다니엘 울퍼트도 "뇌가 존재하는 이유는 움직이기 위해서"라고 했다. 몸을 움직이지 않는다면 뇌가 중요한 것으로 간주되지 않아서 퇴화되었을 거라는 주장이다. 실제로 멍게는 유생일 때는 바닷속을 헤엄치다가 일정한 시기가 되면 바위에 달라붙고 영양을 위해 뇌를 스스로 먹어치운다. 움직임이 없어졌기 때문에 뇌가 필요 없는 것이다. 이처럼 신체의 움직임과 운동은 뇌 발달에 큰 영향을 미친다.

즐겁게 운동하기

운동하기 싫거나 다른 것에 우선순위가 밀린다면 운동에 대한 부담과 거부감부터 없애야 한다. 무의식중에 '운동은 힘들고 어려운 것, 필요하지만 하기 싫은 것'이라는 생각이 깊게 박혀 있으면 뇌의 저항이 커져 운동 습관을 만들기가 훨씬 어려워진다. 작심삼일을 이기고 꾸준히 루틴으로 유지하기 위해서는 이러한 뇌의 저항보다 보상회로를 강화시키면 된다. 보상회로는 전전두엽과 변연계의 연결고리로 이루어진 신경망이다. 즐겁게 운동을 하면 이 보상회로가 활성화되어 쾌감을 느끼게 된다. 그래서 뇌는 즐거움을 느낄 때 그 행위를 계속하려는 경향이 있다. 이는 운동 습관을 만들어주는 아주 중요한 요인이 된다.

우리가 맛있는 음식을 먹고 책을 읽거나 여행을 가는 이유도 그것을 하면 즐겁기 때문이다. 내가 20년이 넘도록 운동을 꾸준히 하는 이유도 그렇다. 몸을 움직여 땀을 흘리고 나면 온몸의 에너지가 도는 것이 느껴지고 활기가 들어찬다. 잡념을 없애는 데도 탁월하고 무엇보다 갈수록 체력이 좋아지고 건강해짐을 느낄 수 있다. 우리 몸은 참으로 정직하다. 나이가 들면 얼굴이 살아온 세월을 말해준다면, 몸은 그 사람의 생활습관을 말해준다. 오랜 시간 내가 어떻게 운동하고 관리하는지에 따라 몸에 그대로 나타난다. 내가 40대의 나이에도 뚜렷한 복근을 가지고 있는 것은 타고나거나 갑자기 생긴 것이 아니라 그동안 관리해온 결과물이다.

두뇌 유형별로 운동 습관 만드는 방법

자신에게 맞고 즐거운 운동 방법은 사람에 따라 다르기에 어떤 운동을 해야 할지 정답은 없다. 하지만 두뇌 유형별로 꾸준히 운동할 수 있는 방법은 있다.

좌뇌형은 자신이 하고 싶은 운동을 한두 가지 정한 뒤에 계획표를 먼저 작성해보자. 이때 숫자를 잘 활용해야 하는데, 예를 들어 매일 아침 7시부터 30분간 걷기, 오후에 근력 운동 1시간, 저녁 먹고 1시간 걷기 등처럼 언제 어떤 운동을 할 것인지 구체적으로 계획을 짜야 한다. 그리고 체크리스트나 달력에 날짜별로 실천 여부를 체크하면 좋다. 이들은 혼자서도 규칙적인 운동을 잘하는 유형이기 때문에 구체적이고 확실한 목표를 세우기만 하면 그 뒤는 일사천리다. 주의할 점은 반드시 자신이 하고 싶은 운동이나 할 때 재미있고 즐거운 운동을 해야 한다는 것이다. 융통성이 다소 부족하고 완벽주의 성향이 있어서 자칫하면 어려운 운동을 힘들게 할 우려가 있기 때문이다.

우뇌형은 혼자서 운동하기 어려운 타입이다. 사람이 중요한 이들은 자신의 운동보다는 다른 사람과 만나는 것을 중요시하기 때문에 헬스클럽에 등록했다 하더라도 모임이나 약속 때문에 빼먹기 일쑤다. 따라서 우뇌형은 좌뇌형과 달리 구체적인 계획표나 목표가 없어도 된다. 오히려 그런 것 없이 일단 친한 사람이나 좋은 사람 몇 명과 함께 운동을 시작하는 것이 좋다. 운동보다는 사람을 만나러 가는 느낌으로 하면 규칙적이고 지루한 운동이라도 꾸준히 할 수 있게 된다. 단체 수업을 하더라도 지인과 함께 등록을 해야 오래할 수 있다.

감성우뇌형인 40대 여성은 어느 날 처음으로 혼자서 걷기에 도전했다. 혼자서 운동하기 어려운 타입이라 항상 여러 사람과 같이 걸었는데 프로젝트를 하면서 처음으로 혼자서 운동해본 것이다. 그 용기에 큰 박수를 보냈는데, 결국 동네를 몇 바퀴 돌다가 사람들을 불러내 같이 걸었다고 한다. 혼자서 운동하기 힘들거나 싫어하는 사람이 혼자서 하려고 하면 운동 습관을 들이기가 몇 배는 힘이 든다. 그런 유형은 맘에 맞는 사람들과 함께하면 된다. 즐겁게 해야 효과도 좋고 오래 할 수 있다는 것을 기억하자.

사람은 누구나 아름다운 것을 좋아한다. 혹자는 외모보다는 내면을 가꿔야 한다고 이야기하지만 내 생각은 다르다. 외모를 가꾸는 일은 내면을 다듬는 것과 다름없기 때문이다. 운동을 통해 외모에 자신감을 얻은 많은 사람이 자기 자신을 더 사랑하고 삶의 방식과 태도까지 바뀌는 경우를 무수히 봐왔다. 자기애와 자신감이 생기면 잃어버렸던 열정과 용기도 되찾을 수 있다. 그동안 하고 싶었으나 시도하지 못했던 것, 차마 할 용기가 없었던 것들을 할 수 있는 힘이 생긴다. 외모가 바뀌면 그토록 어려웠던 변화를 이루어내거나 다른 삶의 모습으로 사는 것이 훨씬 쉬워진다. 따라서 우리는 나이가 들어갈수록 운동으로 외모와 내면을 가꾸며 건강미와 젊음을 유지해야 한다. 즐겁게 운동하면 젊고 건강하게 살 수 있는데 안 할 이유가 없지 않은가?

운동으로 체력이 강해지고 활기가 차면 다른 것들을 할 수 있는 열정과 힘이 생긴다. 몸이 피곤하거나 아프면 만사가 귀찮아지는 경험은 누구나 해봤을 것이다. 따라서 하나만 바뀌어도 삶 전체가 바뀌는 다섯 가지 핵심 습관 중에 가장 중요하고 선행되어야 하는 한 가지를 꼽는다면 바로 운동이다. 특히 새벽 기상을 하면 종일 졸리고 피곤하다는 사람들이 많은데, 운동을 통해 체력을 기르면 적응 기간을 단축시킬 수 있다. 나 역시 이 나이에 20대 못지않은 체력을 갖추고 있다. 매일 하는 운동이야말로 지치지 않고 습관을 오래 유지할 수 있게 하는 에너지의 원천이다.

새벽형
인간되기

올빼미의 행복

오랫동안 나는 전형적인 올빼미였다. 늦은 시간까지 공부했던 학창 시절은 물론이고 직장에 다닐 때도 오랜 습관으로 일찍 일어나는 것이 참 힘들었다. 특히 엄마가 되고 나서는 두 아들이 잠들었을 때부터가 진정한 자유 시간이었으니 야간 생활은 다분히 의도적이었다. 조용한 밤에 혼자서 음악을 듣거나 맥주를 마시면서 TV를 보고 책을 읽고 때로는 밀린 집안일을 하는 것이 큰 행복이었다. 아이들과 전쟁 같은 하루를 보낸 육아의 경험이 있다면, 누구나 '육퇴', 즉 육아퇴근의 행복을 느껴봤을 것이다.

육퇴를 하고 나면 시간이 아까워 도저히 일찍 잘 수 없다. 잠이 오거나 피곤해도 자유 시간이 가버리는 아쉬움에 TV나 영화를 보느라 늦게까지 잠들지 못하는 날이 많았다. 30년 가까이 지속된 올빼미 생활로 인해 나는 점점 새벽형 인간과는 멀어졌다.

나에게는 새벽에 일어나는 게 가장 어려운 일 중 하나였다. 첫 책을 쓰려고 준비할 때 대부분의 안내서에서 글은 새벽에 쓰는 것이 가장 좋다는 글귀를 봤을 때 무척이나 절망했다. 이전에도 종종 새벽에 일어날 일이 있었는데 그때마다 깊게 잠들지 못했다. 일찍 일어나야 한다는 부담감과 왠지 못 일어날 것 같은 불안 때문에 푹 자지 못했고 새벽에 기상한 날은 평소보다 몇 배는 힘들었다. 그런 경험으로 인해 책을 쓰기 위해 새벽형 인간이 되어야 한다는 것은 큰 두려움이었다.

올빼미의 도전

나와 같은 올빼미는 과연 새벽형 인간이 될 수 없는 것일까? 사람마다 생체 리듬이 다른데 새벽이 아니라 밤에 글을 쓰면 되지 않을까? 올빼미는 새벽보다 밤에 효율적으로 작업할 수 있지 않을까?

이런 의문들과 더불어, 누구나 자신에게 맞는 방식대로 살아야 한다는 소신으로 처음에는 올빼미에게 맞는 방법을 써보았다. 새벽이 아닌 늦은 밤에 글을 쓰기 시작했는데 단 며칠만에 왜 새벽에 글을 쓰라고 했는지를 절실히 느꼈다. 우선 하루 종일 지친 몸과 뇌로는 도통 글쓰기에 집중하지 못했다. 몇 시간씩 한자리에 앉아

지적 노동을 하려면 엄청난 집중력과 끈기가 필요한데, 하루 일과가 다 끝난 야간에 그런 에너지를 낸다는 것은 쉽지 않았다.

게다가 메시지나 SNS 알림이 울려서 잠깐 스마트폰을 확인하면 어느새 10분에서 30분 이상은 흐르고 난 뒤였다. 자꾸 딴짓을 하게 되니 집중이 될 리 없었다. TV를 보거나 쉴 때는 몰랐는데 늦게까지 머리를 쓰다 보니 무척 배가 고팠다. 결국 글쓰기 진도는 안 나가고 야식의 유혹을 이기지 못해 급격히 살까지 찌는 사태에 이르러서야 나는 새벽형 인간이 되기로 마음을 먹었다.

브레인 루틴 중에 내게 가장 어렵고 또 유지하기 힘든 것이 바로 새벽 기상이었다. 가장 어렵기도 했지만 책을 쓰기 위해서는 꼭 필요한 습관이기도 했다. 비단 책을 쓸 때뿐만 아니라 새벽 시간은 뇌가 푹 쉬고 일어난 직후이므로 일이나 공부의 효율성이 매우 높다. 사람들이 대부분 자고 있기 때문에 스마트폰이 잠잠해서 딴짓을 안 하게 된다. 무엇보다도 인간 역시 자연의 일부분이기 때문에 해가 뜨는 시간에 일어나 활동하는 것이 가장 자연스럽고 이상적인 생활습관이다.

새벽형 인간이 되기 위한 첫걸음

새벽형 인간이 된 지 일 년이 지난 지금은 전처럼 힘들지 않고 그냥 저절로 눈이 떠진다. 저녁에 일찍 잠들어 숙면을 취하기 때문에 낮에 활동할 때도 피곤하지 않다. 수면을 관장하는 멜라토닌 호르몬은 기상 후 14~16시간이 지나야 분비된다. 그래서 잠자는 시간은 일어나는 시간에 좌우될 수밖에 없다. 즉 일찍 일어나면 일찍 자게 되고 늦게 일어나면 늦게 잠들게 된다.

올빼미가 새벽형 인간이 되려면 우선 일찍 잠을 자야 한다. 일찍 잠을 자야 새벽에 수월하게 눈이 떠지고 밤에도 일찍 잠들 수 있다. 직접 해보면 일찍 일어나는 것보다 일찍 자는 것이 훨씬 어렵다는 것을 느낄 것이다. 새벽 기상을 처음 시도하는 사람들은 늦은 밤에 잠들었다가 갑자기 몇 시간씩 일찍 일어나기도 하는데, 이는 수면의 질을 떨어트리고 일상생활의 리듬도 깨지기 때문에 작심삼일로 끝날 확률이 높다. 프로젝트 참가자들도 밤 12시 이후에 늦게 잠들면서 기상 시간을 무리하게 앞당겨 실패한 경우가 빈번했다.

3060 당기기

나와 주변인들, 프로젝트 참가자들이 크게 성공한 방법으로 '3060 당기기'가 있다. 30분 일찍 일어나고 60분 일찍 자는 방법이다. 처음 1주일 동안은 평소보다 한 시간 일찍 자고 30분씩 일찍 일어난다. K라는 사람이 평소 새벽 1시에 자고 다음 날 8시에 일어났다면, 12시에 잠들고 7시 30분에 일어나면 된다. 그다음 일주일은 한 시간 더 일찍 자고 30분 일찍 일어난다. K의 경우에는 밤 11시에 자고 7시에 일어나면 된다.

처음 1~2주 정도는 활동 시간에 피곤할 수 있다. 일상에 지장을 줄 정도로 몸이 피곤하다면 낮에 5~10분만 자는 것을 추천한다. 이때 1시간 이상 푹 자버리면 밤에 일찍 자는 리듬이 깨져버린다. 1~2주만 잘 버티면 피곤함이 점점 줄어든다.

3주째부터는 일찍 일어나는 것에 저항과 거부감이 많이 줄어든 상태이므로 한 시간씩 일찍 자고 일찍 일어나면 된다. 즉 밤 10시에 자고 아침 6시에 일어나는 것이다. 목표가 5시 기상이라면 그 다음 일주일은 밤 9시나 10시에 자고 5시에 일어나면 된다. 아이들이 있다면 아이들과 같이 잠드는 것이 좋다. 코로나 사태로 인해 어린 아이들도 늦게 자고 늦게 일어나는 경우가 다반사인데 이런 생활은 아이들에게도 좋은 습관을 만들어줄 수 있다.

나는 밤 11시에 자서 새벽 5시에 일어나는 루틴을 9개월 넘게 지속하다가 3개월 전부터는 10시에 자서 새벽 4시에 일어나고 있다. 일정 기간을 두고 우리 몸을 서서히 적응시켜야 오래 유지할 수 있다. 나는 아침 일찍 일어나보고 나서야 야간 육퇴 시간보다 새벽 시간이 더 달콤하다는 것을 깨달았다. 몸과 마음, 뇌가 가장 활기찬 상태이기 때문에 평소에 하고 싶던 공부나 운동 등을 생산적이고 효율적으로 할 수 있다. 아침 3시간은 9시간의 효과가 있다고 하지 않은가! 또 하루에 6시를 두 번 만나는 사람이 성공한다는 말도 있다. 새벽 기상을 하면 모두가 잠들고 고요한 상황에 나 홀로 불을 밝히고 하루를 시작한다는 설렘과 충만함이 있다. '새벽 감성'이라고도 불리는 이 황홀한 느낌 때문에 많은 이들이 새벽 기상을 실천하기도 한다.

새벽에 쉽게 일어나는 법

새벽 기상을 쉽게 하려면, 잠들기 전에 다음 날 아침에 일어나서 할 일을 루틴으로 만들면 된다. 그 일을 할 생각만으로도 설레는 것을 루틴으로 만드는 것이다. 커피나 빵 등 좋아하는 음식을 먹으며 책을 읽어도 좋고, 혼자 음악을 들으면서 동네 산책을 해도 좋다. 건강을 위해 몸을 만드는 운동을 하거나 외국어 공부도 좋다. 이 시간을 하루 중 가장 행복한 시간으로 만들면 생각만으로도 설레어 눈이 자동으로 떠지게 된다. 힘들게 억지로 일어나려고 하면 뇌는 자꾸 오래된 습관 상태로 돌아가려고 하기 때문에 작심삼일을 넘기지 못하고 올빼미 생활로 되돌아갈 것이다.

새벽에 쉽게 일어나는 또 다른 방법으로는 자기 암시법이 있다. 자기 암시의 효능을 이해하기 위해서는 편도체의 기능을 먼저 알아야 한다. 감정뇌인 대뇌변연계에 위치한 편도체는 공포와 관련된 감정을 처리하는데, 뇌의 다른 부분에 공포와 관련된 정보를 전달하여 도전하거나 회피하는 반응을 유발한다. 즉 새벽 기상을 하려고 마음먹으면 '내가 잘할 수 있을까, 못 일어나면 어떡하지? 낮에 피곤할 텐데'라는 두려움과 걱정이 생기기 마련이다. 이때 편도체가 활성화되는데 언어 정보를 통해 편도체의 흥분을 억제할 수 있다. 따라서 '괜찮아, 할 수 있어. 나는 새벽에도 잘 일어나. 나는 새벽형 인간이야'라고 긍정적인 언어로 자기 암시를 하면 편도체의 흥분이 억제되어 불안감과 걱정이 줄어든다.

자기 암시법을 이용하면 알람 없이 기상할 수도 있다. 만약 5시 기상이 목표라면 매일 밤 자기 전에 '나는 내일 5시에 일어난다'라고 뇌에게 여러 번 들려준다. 그러면 신기하게도 다음날 5시에 눈이 저절로 떠진다. 안 믿어지면 오늘부터 당장 해보길 바란다.

만약 실패한다면 뇌에 제대로 각인시키지 못한 것이다. 여러 번 반복해서 말하고 아침에 눈을 떴는데 5시 정각이어서 깜짝 놀라는 자신의 모습을 생생하게 떠올리자. 나는 아침에 눈을 떠서 시간을 보면 알람이 울리기 직전이었던 경험을 셀 수 없이 했다. 그런데 뇌한테 이야기하지 않고 아무 생각 없이 자는 날은 기상 시간을 넘기곤 한다. 자기 암시를 통해 편도체의 활성을 억누르면 자신이 의도한 대로 할 수 있게 된다. 올빼미와는 평생 거리가 멀게만 보였던 새벽형 인간이 되는 길은 생각보다 어렵지 않기 때문에 따라 해보면 누구나 성공할 수 있다.

시간을 창조하는 열쇠

직장 일이나 독박육아로 시간이 없어서 해야 할 일을 못한다며 어려움을 호소하는 사람들이 많다. 그럴 때는 새벽에 일어나 중요한 일을 대부분 끝내는 것이 좋다. 새벽에 중요한 일을 처리하고 나면, 일과 중에는 급한 일이나 중요하지 않은 일들을 할 수 있다. 예를 들어 운동이나 독서, 글쓰기, 공부, 정리정돈 등은 따로 시간을 내지 않으면 다른 일들에 우선순위가 밀려나게 되므로 새벽에 일어나 다 해치우는 것이다. 급하지 않지만 중요한 일들을 새벽에 몰아서 해버리면 종일 마음이 여유롭고 특별한 일을 하지 않아도 그날 하루가 충만해진다.

나는 새벽 4시에 일어나면 조용한 서재로 가서 책상에 앉는다. 가벼운 스트레칭과 브레인 명상을 20분 정도 한 후에 그날의 일정을 바인더에 적는다. 해변의 파도 소리와 피아노 연주가 결합된 음악을 들으며 30분 정도 책을 읽고 나서 아이들이 일어날 때까지 글을 쓴다. 이때 내가 좋아하는 차나 과일, 샌드위치 등을 먹는 것도 큰 즐거움이다. 하루 중 가장 설레고 행복한 시간이기에 새벽에 일어나는 것이 전혀 부담스럽거나 두렵지 않고 오히려 기다려진다. 그래서 새벽 4시만 되면 눈이 저절로 떠진다. 많은 사람들이 '미라클 모닝'이라고도 부르는 새벽 기상은 내게도 기적과 같은 결과를 가져다줬다. 새벽 기상은 다른 루틴을 만드는 데 필요한 시간을 창조해내는 열쇠와도 같다.

디지털
디톡스

스마트폰 중독의 위험성

"또 다른 세상을 만날 땐 잠시 꺼두셔도 좋습니다."

오래전 한 이동통신 회사의 광고 문구다. 스마트폰이 나오기 훨씬 전이었는데 어쩌면 그때보다 지금 더 어울리는 광고 같다. 요즘 지하철이나 버스를 타면 흔히 보는 풍경이 있다. 바로 스마트폰을 손에서 놓지 않는 사람들이다. 심지어 길을 걸을 때조차 스마트폰을 보는 스몸비족(smombie: smartphone + zombie의 합성어)도 적지 않다. 한 지인은 운전하면서도 신호 대기에 멈추면 늘 스마트폰을 본다고 한다.

하루 6시간 6개월 이상 사용하면 스마트폰 중독이다. 스마트폰 중독은 알코올, 마약 등의 발생 원인과 위험성이 비슷하다. 중독은 뇌과학적으로 신경전달물질이 정상적인 기능을 상실해서 생긴다.

이는 앞서 살핀 뇌의 보상체계와 관련이 있는데, 약물이나 스마트폰, 도박, 알콜, 게임 등 중독성 행동은 중뇌 변연계에 위치한 보상회로를 강하게 자극한다. 스마트폰으로 인해 보상회로가 자극을 받으면 도파민이 방출되는데, 이런 자극이 반복되면 도파민의 방출이 극대화되고 이 회로는 점점 발달한다. 이후 같은 자극을 받더라도 처음과 같은 쾌락을 느끼지 못해 더 강한 자극을 원하게 됨으로써 중독이 된다. 이 회로는 일명 '쾌락중추'라고 불리는데 알코올, 마약, 인터넷 게임 등에 강력하게 반응해서 점점 더 의존하게 되는 것이다.

특히 한창 뇌가 발달하는 시기의 어린이들에게 스마트폰 중독은 마치 독약과도 같다. 갈수록 늘어나는 ADHD, 자폐, 소아 우울증이 이를 대변한다. 아이들의 스마트폰 과다 사용은 뇌의 전전두엽 기능을 감소시키고 감정과 정서를 조절하는 자기조절 능력에 악영향을 미친다.

나는 스마트폰이 알코올, 마약 등의 중독물질보다 더 위험하다고 생각한다. 유치원생부터 노인에 이르기까지 대부분이 스마트폰을 갖고 있고 일상에서 뗄 수 없는 물건이므로 누구든 쉽게 중독이 될 수 있기 때문이다. 우리나라의 스마트폰 보급률은 95%로 선진국의 중간값인 76%보다 훨씬 높은 수치다. 특히 코로나 사태가 장기화되면서 사람들의 우울감이나 불안감이 심해지고 디지털 기기에 의존하는 등 스마트폰 중독의 위험성이 커졌다는 조사 결과가 있다. 2020년 6월에 '중독포럼'에서 전국 성인 남녀 1,700명을 대상으로 스마트폰 사용 시간을 조사했는데, 사회적 거리두기 시행 이후 사용 시간이 증가했다는 응답이 44.3%나 되었다. 어쩌면 이 글을 읽고 있는 당신도 이미 중독되어 있거나 중독에 가까울 정도로 의존하고 있을지 모른다.

스마트폰 거리두기

디지털 디톡스(Digital Detox)란 디지털 기기의 사용을 중단하고 휴식을 처방하는 요법을 말한다. 실리콘밸리 리더들은 디지털 문명을 창조한 장본인임에도 불구하고 스마트폰을 비롯한 디지털 기기를 멀리한다. 어린 자녀들에게 디지털 기기를 금지하고 자신들도 책을 가까이하며 명상과 사색을 즐기는 등 요즘 사람들과는 다른 모습을 보인다. 그래서 그들이 이 시대의 창조자와 리더인지도 모르겠다.

나 역시 얼마 전까지만 해도 스마트폰에 많이 의존했다. 코로나 사태 이후 집 안에 있는 시간이 많아지고 온라인 강의나 SNS로 독자들과 소통하면서 사용 시간이 급격히 늘어난 것이다. '나는 다른 사람과 달라', '이 정도면 적게 쓰는 거야'라고 합리화를 했지만, 어느 날 화장실에 들어갈 때조차 손에서 놓지 못하는 모습을 깨닫고 놀랄 수밖에 없었다. 적지 않은 충격을 받은 나는 그날부터 철저하게 스마트폰 사용 계획을 세웠다. SNS별로 사용하는 요일과 시간을 정해놓고 그 계획에 따랐다. 그리고 꺼두는 시간을 규칙으로 정했다. 아침에 일어나서 30분과 자기 전 30분 동안에는 스마트폰을 보지 않는다. 또 일주일에 하루는 완전히 꺼두는데 외부에서 연락이 오지 않는 일요일이 가장 좋다. 처음에는 혼자만 시작했다가 이제는 온 가족이 일요일에는 스마트폰을 전혀 보지 않는다.

디지털 디톡스를 실시하자 광고 문구처럼 진짜로 다른 세상을 만나게 되었다. 스마트폰이 집중력을 떨어트린다는 것은 자명한 사실이다. 일요일을 디지털 디톡스의 날로 정한 후로는 나는 할 일에 온전히 집중할 수 있게 되었고 일주일을 돌아보고 다음 일주일을 계획하는 여유가 생겼다. 차분하게 독서와 사색을 하고 생각을 정리하며 기록하는 시간이 늘어난 것이다. 집중력이 높아진 것은 당연하다. 또한 가족들과 대화하는 시간이 월등히 늘어났다.

일요일에 온 가족이 스마트폰을 꺼두고 산책을 하거나 나들이를 가면 세상이 그렇게 평화로울 수가 없다. 책을 좋아하지 않던 둘째는 점점 책과 가까워지고 있다. 둘째에게 스마트폰 사용을 일주일 정도 금지했더니 어려워하던 나눗셈을 빠르고 정확하게 계산해서 놀란 적도 있다. 디지털 디톡스의 효과는 즉각적으로 나타나기 때문에 직접 경험해보길 바란다.

스마트폰을 멀리하는 방법

스마트폰을 한시도 손에서 떼지 못하고 집에 놓고 외출했을 때 불안증까지 생긴다면 중독을 의심해야 한다. 스마트폰의 의존과 중독에서 벗어나기 위한 첫 번째 방법은 일단 스마트폰을 손에서 내려놓고 전원을 꺼두는 것이다. 그리고 눈에 잘 보이지 않는 곳에 치워둔다. 처음엔 어색하고 불편하겠지만 하루에 최소 30분에서 한 시간 정도는 무난하게 시작할 수 있다.

나 역시 가끔 스마트폰을 놓고 나가거나 고장 수리를 맡기면 뭔가 불안하고 어색했다. 종일 꺼놓을 때도 마찬가지다. 검색할 것도 많고 찾아볼 것도 많아서 자꾸 스마트폰을 다시 켜고 싶은 충동이 드는데, 이때는 나중에 할 수 있도록 메모지나 다이어리에 기록해놓는다. 당장 필요한 정보라면 잠깐 컴퓨터를 이용하는 것도 방법이다. 처음 한 시간을 해내면 3시간, 5시간이 되고 곧 종일 꺼둘 수 있게 된다. 어느 날 갑자기 매일 스마트폰 사용을 과도하게 제한한다면 역시 작심삼일이 되기 마련이다. 이미 스마트폰에 의존적인 뇌가 거세게 저항하지 않도록 하루 30분~1시간 정도에서 시작해서 차차 늘리는 것이 좋다.

두 번째 방법은 뇌에 다른 보상을 주는 것이다. 스마트폰을 꺼놓고 다른 즐거움을 찾지 못한다면 다시 켜고 싶은 유혹에 쉽게 넘어간다. 가장 좋은 방법은 스마트폰 없이 밖으로 나가 산책을 하는 것이다. 1시간 정도 산책하고 돌아오면 상쾌함과 성취감도 생긴다. 그런 다음에는 독서를 해보자. 평소에 책 읽기를 싫어한다면 가벼운 시집이나 그림책, 소설, 에세이도 좋다. 어떤 책을 고를지 선택하는 것에서부터 뇌에 다른 불이 켜진다. 그동안 사용하지 않았던 새로운 영역이 활성화된다는 의미다. 책을 선택한 후에는 자신이 읽고 싶은 부분을 읽는다. 일방적이고 과다하게 쏟아지는 정보가 아니라 자신이 직접 선택하고 판단할 수 있기 때문에 뇌에 다른 즐거움을 줄 수 있다. 편안하게 라디오나 음악을 들으면서 집안 정리를 하는 것도 좋다.

결론적으로 햇빛을 받으면서 걷기, 독서 하기, 음악 듣기 등은 세로토닌을 분비시켜 행복과 평화, 감사 같은 보상회로를 작동시킨다. 강한 자극으로 도파민을 분비시키는 중독이나 쾌락은 보상 체계를 무너트리기 때문에 행복 호르몬인 세로토닌을 분비시키는 활동을 통해 정상적인 보상을 줘야 한다. 이런 정상적인 보상체계가 강화되면 이전의 의존적이고 중독의 증상도 점차 사라질 것이다. 스마트폰 하나 껐을 뿐인데 이토록 마음이 여유롭고 생활이 평화로웠나 싶을 정도로 놀라운 경험을 하게 될 것이다. 지금 당장 스마트폰을 끄고 뇌에 휴식을 주자.

뇌를 살리는
독서

나를 살리는 독서

머지않아 종이로 된 책이 사라질 거라고들 한다. 하지만 나는 종이보다 디지털 스크린이 더 익숙한 요즘 아이들이 성인이 되더라도 종이책은 남아 있을 거라고 생각한다. 종이책에는 종이의 질감이 주는 편안함과 왠지 모를 향수를 불러일으키는 아날로그적 감성이 있다. 그 수량은 줄어들지 몰라도 아마도 마니아들에게 계속 사랑받을 것이다.

나 역시 종이책 마니아다. 전자책과 오디오북도 접해봤지만 어쩐지 책과 교감이 안 되고 나의 자유로운 사고를 막는 느낌마저 들었다. 옛날 사람이라서 그렇다고 하면 할 말이 없지만, 역시 책은 손으로 직접 책장을 넘기면서 읽어야 제맛이다.

내가 처음으로 독서를 시작한 것은 초등학교 4~5학년쯤이다.

한 친척이 셰익스피어 전집과 세계문학전집을 주면서부터 우리 집에도 책이 생겼다. 다소 어려웠지만 매일 밤 읽는 셰익스피어와 세계적인 대문호들의 이야기는 어린 나를 설레게 했고 세상을 보는 눈을 뜨게 해줬다. 그 뒤로 학교 도서관에서 두꺼운 고전문학을 빌려 읽기 시작했고 언제 어디서나 책을 들고 다니게 되었다. 그렇게 시작된 나의 책 사랑은 중고등학교 시절에 공부를 잘할 수 있는 든든한 뒷받침이 되었고 성인이 되고 나서도 독서를 통해 힘을 얻고 성장해나갈 수 있었다.

결혼 후에는 나의 관심이 임신과 출산, 육아, 자녀교육에 관한 책으로 옮겨갔다. 전보다 책을 많이 읽을 수는 없었지만, 책으로 공부하고 적용한 덕분에 첫 아이의 임신과 출산, 양육도 문제없이 해낼 수 있었다. 당시 주변에서 마치 애를 몇 명 낳아 키워본 것처럼 능숙하다고 했는데 그 비결은 바로 독서에 있었다. 처음이라 잘 모르고 두려웠지만, 책으로 충분히 간접경험을 하고 내게 필요한 정보들을 수집한 덕분에 숙련자처럼 여유가 있었던 것 같다.

나에게 독서가 가장 큰 위력을 발휘한 것은 강사로 활동하면서부터다. 책을 읽으면서 콘텐츠를 강화했고 책에서 많은 아이디어를 얻으며 강사로서의 내실을 다질 수 있었다. 특히 시간 관리나 독서법 등의 자기계발서는 지속적인 자극제가 되었다. 그러다가 나도 한번 책을 써보자고 다짐했고 작가로서의 꿈을 갖게 되었다. 쓰고 싶은 책의 제목과 목차까지 구체적으로 써놓고 작가로서의 꿈을 키웠다. 그로부터 11년 후, 나는 진짜로 작가가 되었다. 결국 책을 사랑하고 독서를 통해 성장한 내가 직접 책을 쓰는 작가의 꿈을 이룬 것이다.

뇌를 살리는 독서 습관 기르기

많은 사람이 새해에는 일주일에 책 몇 권, 한 달에 몇 권은 꼭 읽겠다고 다짐한다. 하지만 이 결심 역시 작심삼일이 되고 만다. '2019년 국민독서 실태조사'에 따르면, 우리나라 성인의 연간 종이책 독서량은 6.1권으로 한 달에 0.5권을 읽는다. 1인당 독서량이 수십 권에 달하는 OECD 선진국 중 꼴찌 수준이다. 또 성인 중 절반만이 한 달에 책 한 권을 읽는 것으로 조사되었다.

실제로 주변에서 책을 좋아하거나 습관적으로 책을 읽는 사람은 찾아보기 힘들다. 프로젝트 참가자 중에도 그동안 독서와 담을 쌓다가 처음으로 책 읽는 습관을 기르게 되었다는 사람들이 꽤 있었다. 독서는 뇌에게 최고의 보약과도 같다. 독서를 하면 뇌의 전 영역을 골고루 발달시키기 때문이다. 책을 많이 읽을수록 이해력과 사고력이 높아지는 것은 물론 상상을 통해 두뇌 전체를 활성화한다. 다양한 독서를 통한 간접경험이 뇌신경 세포를 만들고, 이는 뇌의 신경 시스템을 더욱 강화한다. 따라서 독서는 뇌를 살리는 습관이라고 할 수 있다.

독서 습관을 기르기 위한 다섯 가지 방법

작심삼일을 이기고 뇌를 살리는 독서 습관을 기르는 다섯 가지 방법이 있다.

첫 번째, 책을 읽어야 할 필요성을 찾고 목적을 확실하게 해야 한다. 공부 및 업무에 도움이 되거나 마음의 안정과 휴식을 찾는 등의 목적이 있을 것이다. 평소에 자신의 목적에 맞는 책이 보이거나 생각날 때마다 기록을 해두면 좋다. 책을 구매하는 것이 부담스럽다면 중고서점이나 도서관을 이용해보자.

두 번째, 책 읽기에 대한 두려움을 없앤다. 독서를 하면 단순히 글자를 읽는 게 아니라 재해석을 해야 한다. 평소에 생각하기가 어렵거나 싫은 사람이라면 뇌가 이 과정을 거부할 것이다. 하지만 쉽고 흥미가 가는 책부터 시작한다면 사고력을 금방 기를 수 있다. 독서에 대한 두려움과 거부감을 없앨 때도 역시 긍정적인 언어로 두려움을 일으키는 편도체의 흥분을 억제하면 된다. '책 읽는 것은 즐거워, 나는 책을 사랑해'라고 소리 내어 말하면 두려움과 거부감이 줄어든다. 점점 책 읽는 것이 편안해지고 즐거워지기 시작한다.

세 번째, 정독해야 한다는 강박을 버려야 한다. 성인 대부분은 학창 시절에 학습의 연장선으로 독서를 했다. 그러다 보니 글자 하나, 문장 하나까지 빠짐없이 읽어야 한다는 강박관념이 있다. 나 역시 책을 공부하듯이 보기 때문에 한 권을 보는 데 꽤 오랜 시간이 걸렸다. 그 결과 책을 선뜻 읽기 어렵고 두꺼운 책을 읽으려고 하면 거부감부터 들었다. 정독은 언어뇌인 좌뇌로 책을 읽는 방법이다. 하지만 우뇌를 사용하면 사진이나 그림을 보듯이 책을 보게된다. 책을 좌뇌로 '읽지' 않고 우뇌로 '볼' 때는 키워드 중심으로 빠르게 읽고 중요한 부분이나 기억할 내용은 접거나 포스트잇으로표시하면서 읽는다. 한 권을 읽는 속도가 빨라지면 다시 읽기에도부담이 없고 여러 번 읽어서 기억력을 높일 수 있다.

이 외에도 우뇌로 보는 독서법에는 여러 가지가 있지만, 정독만하지 않아도 책 읽는 부담은 크게 줄어든다. 책을 볼 때 의도적으로 우뇌를 사용하면 좌뇌와 우뇌를 골고루 개발시킬 수 있다.

네 번째, 책을 살아 있는 생명체로 대하자. 책이 나에게 도움이되는 이야기를 해준다고 여기는 것이다. 그냥 읽고 덮으면 끝인 책이 아니라 책의 저자가 나에게 필요한 말을 해주고 깨닫게 해주는등 나와 대화를 한다고 생각하자. 그래야 내 삶에 적용할 것들을적극적으로 찾아 실천할 수 있다. 이는 심리학에서 말하는 피그말리온 효과와 일맥상통한다.

그리스 신화에 나오는 조각가 피그말리온은 여성을 결점이 많은 존재라 생각하고 혼자 살기로 결심했다. 대신에 아름다운 조각상을 조각했는데 그만 조각상과 사랑에 빠지고 말았다. 그래서 그조각상이 아내가 되게 해달라고 기도했다. 그의 간절한 기도에 감동한 사랑의 여신 아프로디테는 조각상을 여인으로 만들어줬고둘은 결혼을 해서 행복하게 살았다는 이야기다.

이 신화에서 파생된 피그말리온 효과란, 긍정적인 기대와 관심이 사람에게 좋은 영향을 미치는 효과를 말한다. 책을 살아 있는 생명체처럼 취급하면 작가가 해준 이야기가 더 깊이 와닿고 작가와 약속을 지킨다는 자세로 실천할 수 있게 된다. 같은 책을 읽더라도 훨씬 좋은 영향을 받는 것이다.

다섯 번째, 하루에 한 장이라도 반드시 읽는다는 규칙을 정한다. 독서 할 시간이 없다면 자기 전에 하루에 한 장이라도 읽으면 된다. 그 한 장이 곧 열 장이 되고 백 장이 되기 때문에 한 장의 힘을 무시하면 안 된다. 독서 습관이 아예 없던 많은 프로젝트 참가자들이 한 장으로 시작해서 하루에 한 시간 이상 독서 습관을 갖게 된 사례가 많았다.

갈수록 사람들이 책을 멀리한다고 하지만 책을 좋아하고 다독을 하는 사람들은 여전히 있다. 성공하는 사람들의 두 가지 특징이 독서와 메모(기록)라고 하지 않은가. 꼭 성공하지 않았더라도 멋있고 존경할 만한 사람들은 대부분 독서를 좋아한다.

나이가 들수록 나의 경험과 사고에만 갇혀 있으면 고정된 뇌회로 때문에 꼰대라는 소리를 듣기 쉽다. 내가 독서를 강조하는 이유는 책을 통해 다른 사람의 생각과 삶의 방식을 이해하고 받아들이며 세상을 보는 관점이 달라질 수 있기 때문이다. 즉 나의 그릇이 커지게 하고 뇌의 가능성을 키우는 것이다. 책을 멀리하고 있다면, 지금부터라도 나를 살리고 뇌를 살리는 독서 습관을 길러보자.

비움과
미니멀라이프

미니멀 라이프가 대세

미니멀리즘, 비워내기가 대세인 요즘. 어디까지 정리하고 어디까지 비워내야 하는 걸까? 매일 신제품이 쏟아지고 광고가 넘쳐나며 손가락만 클릭하면 무엇이든 집 앞까지 배달되는 편리한 세상에서 물건에 대한 욕구와 집착을 내려놓고 비워내기란 쉬운 일이 아니다. 비워내기보다는 오히려 쇼핑 중독에 빠져 하루에도 몇 개씩 문 앞에 택배 상자가 쌓여 있는 경우가 허다하다. 수많은 옷, 신발, 책, 그릇, 장난감, 가구 등 생활에 필요한 물건들이 정리되지 않은 채로 산적해 있거나 인간관계나 하는 일 역시 복잡하다면 정리하고 비워내야 할 시점이다.

나를 힘들게 하는 주변 사람들과 과다한 업무로 인한 스트레스는 몸과 마음을 망치는 주범이 될 수 있다. 집안 곳곳의 일상용품과 사무실 책상의 물건뿐만 아니라 인간관계와 업무에서도 미니멀리즘이 필요한 것이다.

미니멀 라이프란 불필요한 물건이나 일 등을 줄이고 일상생활에 꼭 필요한 적은 물건으로 살아가는 삶을 말한다. 더불어 인생에서 가장 소중하고 본질적인 것에 집중하여 자기 본연의 모습을 찾아가는 데서 행복을 찾을 수 있다는 것이 핵심이다. 뇌는 멀티태스킹이 불가능하고 단순 명쾌한 것을 좋아하기 때문에 주변의 물건, 업무, 사람 관계 등도 단순할 때 뇌의 잠재력이 더 잘 발휘될 수 있다.

정리정돈으로 시작하자

미니멀리즘은 꼭 필요한 것과 그렇지 않은 것을 분류하는 것에 서부터 시작한다. 무언가를 필요 이상으로 과도하게 가지고 있으면 나도 모르게 마음의 짐이 된다. 나는 안 쓰는 물건 중에 쓸 만한 것들은 중고로 판매하거나 온라인 카페를 통해 아파트 주민들에게 무료 나눔을 한다. 집안이 깔끔하게 정리되는 것은 물론 복잡한 머리까지 정돈되는 느낌이다. 게다가 소액이지만 수입까지 생기니 일석삼조인 셈이다. 나는 본래 물건을 버리는 것을 아까워해서 집안 곳곳에 물건을 쌓아두고 재활용품장에서 쓸 만한 것들을 주워오기도 했었다. 그래서 옷장, 책장, 신발장, 책상 등에는 항상 물건이 넘쳐나고 정리를 해도 금방 어질러지곤 했다.

의식적으로 물건을 정리하고 버리고 나누고 판매하는 습관을 들이자 물건을 없애는 일이 희열을 가져다주기 시작했다. 한번 비워내기 시작하면 집안에 버릴 것은 없는지 팔 만한 것은 없는지 찾아보는 재미가 쏠쏠하다. 내게 필요 없는 물건을 대가 없이 무료로 나눠주는 일은 소소한 행복도 가져다준다. 물건에 대한 집착이 사라지니 예전처럼 쉽게 물건을 사는 일도 줄어들어 지출 감소의 효과까지 생겼다. 넘쳐나는 물건들을 정리했을 뿐인데 뇌가 정리되고 생활에 여유가 생겼으며 삶이 단순해졌다.

정리정돈을 루틴으로 한다면 매일 30분 또는 일주일에 하루 시간을 정해놓고 해보자. 매일 하려면 정해진 시간만큼 알람을 켜놓고 하는 것이 좋다. 대부분은 한번 정리하기 시작하면 끝장을 볼 때까지 몇 시간 계속 하게 된다. 그래서 정리정돈을 자꾸 미루는 것이다. 나 역시 그런 유형이라 매주 일요일을 정리정돈의 날로 정해놓고 몇 시간씩 하고 있다.

집안을 정리정돈할 때는 구역별이나 물건별로 나눠서 하는 것이 좋다. 각 방, 주방, 베란다, 거실 등 집안을 구역별로 나눠서 하거나 옷, 신발, 책, 장난감, 화장품 등 물건별로 나눠서 해보자. 특히 정리정돈을 잘 못하는 사람이라면 분류를 최대한 구체적이고 작게 해서 조금씩 해나가야 한다.

비움의 시작은 물건을 더 이상 사지 않는 것

불필요한 물건을 없애는 것도 중요하지만 쓸데없는 물건을 안 사는 게 더 중요하다. 비움은 더 이상 물건을 사지 않는 것에서부터 시작한다. 나는 한때 홈쇼핑이나 온라인 쇼핑으로 물건을 마구 사들인 적이 있었다. 쇼핑을 통해서 스트레스를 풀었는데 주변에 그런 사람들이 의외로 많다. 그런데 스트레스 해소나 즐거움을 위해 쇼핑을 하다 보면 쓰지 않고 쌓아두는 경우가 종종 발생한다. 그 물건들을 정리하고 처리하는 것도 문제다.

불필요한 물건을 더 이상 사지 않기로 마음을 먹었다면 온라인 쇼핑을 할 때 바로 구매하지 말고 일단 장바구니에 담아두면 된다. 쇼핑 충동을 장바구니에 담는 것으로 대체하는 것이다. 그리고 일주일 후에 '나에게 정말 필요한 것인가? 이것이 없으면 안 되는가?'라고 질문해보자. 그러면 대부분 안 사게 된다. 당장 결제 버튼만 누르지 않을 수 있다면 꽤 효과적인 방법이다. 쇼핑 충동은 즉각적이고 일시적인 반응이기 때문에 결제할 때까지 시간이 걸리면 충동이 식는다. 결제를 불편하게 만들기 위해서 신용카드를 없애는 것도 방법이다. 오프라인 쇼핑을 할 때는 구매리스트를 작성하여 리스트의 물건만 사 오면 된다.

쇼핑의 욕구를 없애거나 누르기 위해서는 이보다 더 큰 욕구가 필요하다. 나는 5년, 10년 계획으로 부자 되기를 실천한 이후로 물건 사는 일에 저절로 흥미를 잃고 돈 모으는 재미에 빠졌다. 그동안 저렴하거나 예쁘거나 좋아 보여서 사들인 물건들을 더 이상 사지 않자 매달 백만 원 이상의 종잣돈이 모이기 시작했다.

사람과의 관계 비우기

많은 사람이 연결된 복잡한 세상에서 사람과의 관계가 종종 나를 옭아매기도 한다. 신경을 거슬리고 마음을 무겁게 하는 일은 대부분 인간관계로부터 생겨난다. 우리 몸을 비워내야 가벼워지고 집안 물건들을 없애야 깔끔해지는 것처럼, 복잡한 인간관계를 정리하면 삶이 단순해진다. 몸과 마음이 동시에 가벼워졌을 때 진정으로 여유 있고 행복한 삶을 살 수 있게 되는 것이다. 관계를 정리할 때도 물건을 정리할 때처럼 자주 만나는 사람, 일 년에 한 번 만나도 되는 사람, 만나지 말아야 할 사람 등으로 분류하는 것이 우선이다. 자주 만나지 않아도 전화나 문자로 관계를 유지할 사람도 있다. 분류하는 기준은 사람에 따라 다른데, 자신이 중요하게 생각하는 기준에 따르면 된다.

사람을 가장 중요시하는 우뇌형은 복잡한 인간관계에 얽혀 있는 경우가 많다. 사람으로 인해 상처를 받거나 손해를 입더라도 그 관계를 계속 유지하기도 한다. 반면 좌뇌형은 끊고 맺음이 확실해서 단순한 인간관계를 맺고 있는 경우가 많다. 자신과 맞지 않으면 안 보면 그만이라는 생각이 있으므로 인간관계에서 받는 스트레스가 우뇌형보다는 덜 하다. 좌뇌형인 나 역시 사람 때문에 피곤하고 곤란한 일이 생기는 경우가 별로 없다. 내가 정말 좋아하고 만나고 싶은 사람과 관계를 유지하기 때문에 타인에게 쏟는 에너지가 크지 않고 좋은 에너지를 주고받는 사람들과 좋은 관계를 유지하고 있다. 하지만 좌뇌형은 다소 편협하거나 고립된 인간관계를 형성할 우려가 있다.

우뇌형 중에서 중년인 사람들은 20~30년 이상 지속하고 있는 모임이 많은 특징이 있다. 한 50대 여성은 대학 동창 모임은 물론이고 첫 아이 초등학교 학부모 모임, 심지어는 대학 시절 영어 학원 모임까지 하고 있었다. 특히 감성우뇌형은 사람끼리 주고받는 에너지가 삶에서 큰 역할을 하기 때문에 모임을 통해 나에게 좋은 에너지를 주는 인간관계를 유지하는 것이 도움이 된다. 하지만 자칫하면 잦은 모임과 복잡한 인연으로 인해 상처를 입거나 에너지를 과도하게 빼앗기는 경우가 발생하므로 주의할 필요가 있다. 모임 개수가 너무 많다면 과감하게 줄이는 것이 좋다.

단순하게 살기

하는 일이 너무 많아 바쁘다는 말을 입에 달고 살지는 않은가? 나 역시 오랫동안 많은 것들을 해왔고 다재다능한 멀티플레이어임을 스스로 자랑스러워했다. 일이 없으면 무료하고 불안해서 일부러 만들어 한 적도 많았다. 하지만 매일 명상을 하고 비워내는 연습을 하자 신기하게도 일 중독과 과다업무의 스트레스에서 벗어날 수 있었다. 무엇이든 하지 않으면 불안하기까지 했던 내가 코로나 사태 때 오랫동안 강의를 쉬고도 우울증 없이 주로 집 안에만 머물 수 있었던 것은 업무에서도 미니멀 라이프를 실천했기 때문이다. 세상이 혼란스러울수록 개개인의 생활은 단순해야 버틸 수 있다는 것을 이때의 경험으로 깨달았다.

우리 뇌는 큰 에너지일수록 쉽게 공명하는데 복잡하고 혼란한 에너지는 너무도 강력해서 금방 휩쓸리고 만다. 코로나 사태로 많은 사람이 자기 관리를 어려워했던 이유도 크고 강력한 혼란 에너지에 공명했기 때문이다.

미니멀 라이프를 실천하려면 쓸데없는 것에 에너지를 낭비하지 않는 것이 중요하다. 내가 사들인 물건을 감당하지 못할 정도가 된다면 그것은 과욕이자 과소비다. 물건을 사고 쌓아두는 행위는 시간과 공간을 낭비하는 것은 물론 물건을 사고 관리하는데 드는 돈과 에너지도 낭비하고 결과적으로 인생을 낭비하는 것과 같다.

인간관계 역시 다른 사람들에게 끌려가지 않고 내가 주인이 되어 중심을 잡고 관계를 이어가는 것이 필요하다. 그러다 보면 하는 일도 줄어들고 불필요한 에너지를 쓰는 일이 감소한다. 삶을 복잡하고 힘들게 하는 것 대신 내게 정말 필요하고 중요한 것에 에너지를 쏟아야 한다. 결론적으로 물건과 인간관계, 일에서 내면 집중과 통찰을 통해 항상 분류하고 정리해서 비우는 것을 습관화하자.

이상으로 작심삼일로 끝나기 쉬운 것들을 주제별로 살펴보았다. 이 책에 제시된 주제가 아니더라도 일상 속 습관을 만들고 유지하는 방법은 비슷하다. 매번 실패했던 것들을 똑같은 방법으로 시도하면 이번에도 역시 실패할 확률이 높다. 지금부터는 더 쉽게 성공적으로 습관을 만들기 위해 뇌의 작동원리를 이해하고 이용하여 실생활에서 꼭 적용해보자. 누구든 실천하는 사람에게 다른 내일이 기다리고 있을 것이다.

5장

뇌의 잠재력을
키우는 브레인 명상

Brain
Routine

잠재의식에
새기기

잠재의식 깨우기

"생생하게 꿈꾸면 이루어진다!" 대부분의 성공 관련 책과 자기 계발서에 나오는 말이다. 그런데 어째서 원하는 것이 쉽게 이뤄지지 않고 꿈은 꿈으로만 그치고 말까? 그 이유는 명확하다. 의식의 표면에서 생각으로만 그치고 잠재의식과 무의식에 새겨넣지 않았기 때문이다. 잠재의식을 깨우기 위해서 먼저 잠재의식과 무의식의 개념부터 살펴보자.

의식과 무의식, 잠재의식은 1장에서 살펴본 뇌의 3층 구조를 떠올리면 이해하기가 쉽다. 가장 바깥에 위치한 생각뇌와 그 아래에 있는 감정뇌는 의식적으로 작동하고 가장 아래 생명뇌는 무의식의 영역이다. 이 의식과 무의식이 하나로 통합되어 작용할 때 잠재의식이 커진다. 심리학적으로 잠재의식과 무의식은 다른 개념이지만 일반적으로는 같은 의미로 쓰인다. 의식의 구조에서 표면에 드러나 있는 의식을 현재의식이라고 하며, 이 의식 밑에 잠들어 있는 의식이 잠재의식이다. 잠재의식의 더 깊은 곳에 존재하는 것이 바로 무의식이다. 그러나 이 책에서는 잠재의식과 무의식을 따로 구분하지 않고 같은 개념으로 사용한다.

잠재의식을 다룬 많은 책에서는 잠재의식에 입력만 하면 원하는 것을 이룰 수 있다고 한다. 하지만 꿈꾸는 것으로만 원하는 것을 이룰 수 있을까? 나는 지금껏 그런 사람은 보지 못했다. 생생하게 꿈을 꾸었으면 그것을 이루기 위한 노력을 해야 한다. 그 노력은 3개의 뇌가 목표를 향해 흔들림 없이 통합되어 움직일 때 결실을 맺는다. 즉 뇌통합을 통해 의식과 무의식을 통합하여 명확한 목표를 향해 나아갈 때 숨어 있던 잠재력이 깨어난다.

자기 선언하기

원하는 것을 잠재의식에 새겨넣는 아주 쉬운 방법으로 '자기 선언하기'가 있다. 뇌통합은 정보의 통합을 의미하는데 자기 선언문 낭독은 뇌의 정보를 통합하기에 가장 쉽고 좋은 방법이다. 좋은 정보를 입력하여 뇌를 활성화하고, 긍정적인 자기 선언을 함으로써 외부의 부정적인 정보로부터 지켜준다. 자기 선언은 내가 누구인지, 무엇을 어떻게 할 수 있는지 자신에게 미리 약속하는 말이다.

이 말을 반복하고 되새기면 목표와 꿈이 잠재의식 속으로 파고 들어가 놀라운 힘을 발휘한다. 자기 선언과 그것을 이루는 과정은 결국 자신에 대한 믿음을 실현하는 것이다.

자기 선언에는 여러 가지 형태가 있다. 노트에 적어놓고 감정을 살려 낭독함으로써 뇌에 생생하게 들려줄 수도 있고, 친구나 가족들 앞에서 선언할 수도 있다. 목표나 계획, 꿈 등을 사람들 앞에서 선언하고 나면, 명확하게 자신의 태도를 결정할 수 있게 된다. 누구나 자신이 한 말에 따라 스스로 행동을 통제하는 경향이 있기에 자기 선언의 효과는 매우 크다. 항상 '나는 할 수 있다', '나는 멋진 사람이다', '나의 뇌는 무한한 가능성이 있다'와 같이 긍정적인 말을 습관처럼 할 수 있도록 하자.

자기 선언문 작성 시 주의 사항

자기 선언문을 작성할 때는 주의 사항이 있다. 뇌는 단순하고 명쾌하며 긍정적인 말을 좋아하기 때문에 다음 세 가지 규칙을 고려해서 문장을 작성해보자.

- 긍정적으로 말하기
- 단정적으로 말하기
- '나'라는 주어 넣기

규칙	바른 예시
★ 긍정적으로 말하기 올해는 다이어트에 실패하지 않는다. (×)	
★ 단정적으로 말하기 올해는 다이어트에 성공했으면…. (×)	나는 올해 다이어트에 반드시 성공한다. (O)
★ '나'라는 주어 넣기 올해는 다이어트에 반드시 성공한다. (×)	

위 표에 나오는 바른 예시도 좋지만 다이어트라는 모호한 말보다 '나는 올해 10kg 감량에 반드시 성공한다'와 같은 말이 더 효과적이다. 자기 선언문은 꼭 목표나 꿈이 아니어도 된다. 만약에 자신감이 없고 자존감이 부족하다면 "나는 할 수 있다", "나는 나를 사랑한다" 등의 말도 좋다.

자기 선언문 낭독하기

자기 선언문이 제대로 작성되었으면, 매일 기록하고 말해야 한다. 눈과 입을 통해 잠재의식과 무의식에 뿌리 깊이 새겨넣는 것이다. 뇌는 말하는 영역과 듣는 영역이 달라서 내가 한 말도 남이 한 말을 듣는 것으로 인식한다. 큰 소리로 말하면 남이 힘을 주고 위로하는 것처럼 받아들이는 것이다. 혼자 말하는 것도 좋지만 친구나 가족들 앞에서 선언하듯 말하면 더 효과적이다. 큰 소리로 여러 번 낭독하는데, 한 번이 아니라 꾸준하게 하는 것이 좋다.

다이어트를 예로 들면 '나는 올해 다이어트에 반드시 성공한다'고 주위 사람들에게 매일 선언하는 것이다. 아침에 일어나자마자, 식사하기 전, 잠자기 전처럼 일정한 시간을 정해놓고 하면 더욱 좋다. 가족 구성원 각자가 자기 선언문을 작성해 돌아가면서 낭독하는 것도 좋은 방법이다. 온 가족이 함께 한 달에 한 번 그달의 목표를 작성하고 낭독하거나, 일 년에 한 번 그해의 다짐과 목표를 작성하고 낭독한다면 금상첨화다.

개인 사업을 하고 있는 한 40대 여성은 '나는 2020년 함께할 파트너를 만났다. 나는 2021년 2월 다이어트 챌린지에 성공했다'라는 자기 선언문을 작성한 후 매일 큰소리로 낭독했고 실제로 이루어냈다. 사업 파트너를 만났고 두 달 만에 체지방 9% 감량에 성공한 것이다. 전에는 답답하고 짜증이 많이 났는데 자기 선언문을 통해 목표한 바를 이루어냄으로써 긍정적인 변화를 경험하고 있다. 그 결과 자신감이 향상되었고 앞으로의 성장이 더 기대된다고 말한다.

자기 선언을 할 때는 이미 이뤄졌다고 믿고 말하는 것이 좋다. 실제로 매일 꾸준히 쓰고 말하다 보면 기분이 좋아지고 마치 그대로 이루어진 듯한 느낌이 들게 된다. 이때 브레인 명상을 이어서 하면 뇌통합이 훨씬 잘되는데, '원하는 것을 이루는 두뇌 유형별 집중명상' 편을 참고하자.

꿈과 비전을 잠재의식에 새기기

나는 자기 암시와 브레인 명상을 통해 나의 꿈과 비전을 매일 잠재의식에 새겨넣는 훈련을 한다. 아침에는 그날 마음가짐을 새겨넣고 자기 전에는 나의 꿈을 새겨넣는다. 아침에 일어나서 5분과 잠자기 전 5분씩만 활용해보자. 눈을 뜨면 바로 침대에서 일어나지 않고 입에 미소를 띠운 채 나의 뇌에게 들려준다.

"오늘도 건강하게 하루를 맞이할 수 있어서 감사합니다. 나는 나의 무한한 가능성을 믿고 부와 행운을 끌어당기며 행복한 하루를 살아갑니다."

매일 이런 식으로 그날 하루 내 생각과 말, 행동을 통제할 주문을 외우는 것이다. 하루를 시작하기 전에 내가 원하는 에너지를 가득 채우는 작업이다. 그리고 하루를 마친 후 침대에 누워서 자기 선언을 되풀이하다 잠든다.

"하루를 무사히 잘 보내서 감사합니다. 나는 사람들을 긍정적으로 변화시키는 일류 작가, 베스트셀러 작가다. 나는 많은 사람들에게 선한 영향력을 주는 일류 강사 강은영이다."

이렇게 하면 다음날 새벽에 눈이 저절로 떠지고 즐거운 마음으로 내가 원하는 모습이 되기 위한 루틴들을 기꺼이 해나갈 수 있다.

자기 선언문으로 뇌통합을 하려면 단기간에 그치지 말고 매일 꾸준히 습관이 되도록 생활에서 실천해야 한다. 꿈을 잠재의식에 새겨넣는 가장 좋은 방법은 긍정적인 마음으로 될 때까지 지속적으로 하는 것이다. 이미 수없이 많은 사람이 경험했고 나 또한 경험해가는 중이다. 작가가 되고 온라인으로 프로젝트를 시작하고 나서는 많은 사람에게 선한 영향력을 미치고 싶다는 오랜 꿈이 이뤄졌다. 꼭 특별한 사람이 아니라 평범한 사람도 원하는 것을 잠재의식에 새기고 이루어내면 성공한 사람이 되는 것이다. 누구나 자신이 정의하는 성공은 다르기 때문이다.

나에게 성공이란 나의 경험과 지식, 재능으로 사람들의 변화를 이끌어내고 함께 성장하는 일이다. 성공은 이루어내면 끝이고 경쟁도 있지만, 성장에는 끝이 없고 경쟁도 없다. 오직 자신과 경쟁할 뿐이다. 뇌를 잘 사용해서 일상의 습관을 만드는 것뿐만 아니라 그것을 통해 삶이 변화하고 성장하는 모습을 지켜보는 것은 큰 성취감과 행복감을 준다. 당신도 꿈과 비전을 잠재의식에 새기고 매일 루틴을 실천함으로써 성장하는 삶을 살기를 바란다.

단전호흡과
걷기명상

명상과 브레인 명상

지금부터는 뇌의 잠재력을 키우는 브레인 명상의 구체적인 방법들을 살펴보기로 한다. 브레인 명상을 처음 접하는 사람은 어렵다고 느끼기도 하는데 일반 명상과의 공통점과 차이점만 알면 누구나 쉽게 할 수 있다. 프로젝트 참가자들은 브레인 명상을 생소하고 어렵게 느끼기도 했다. 하지만 자신의 뇌를 이해하고 잘 사용하기 위해서는 브레인 명상이 필요하다.

명상은 고요히 눈을 감고 깊이 생각하는 행위나 그런 생각을 말한다. 즉 생각에 집중해 마음을 훈련하는 수행법이다. 현대인들이 명상을 하는 이유 중 하나는 스트레스 감소에 있다. 정신적·육체적으로 스트레스를 받으면 코티졸 수치가 증가하는데, 이는 수면을 방해하고 우울과 불안을 일으키는 등 건강에 악영향을 미친다.

여러 연구에 따르면, 명상은 스트레스로 인한 염증반응 등을 줄이고 피로, 불안, 통증 등을 감소시키는 효과가 있다. 수면 장애를 개선하고 정신 건강을 증진시키며 집중력을 높이는 등 긍정적인 영향을 준다. 게다가 마음 건강을 챙기고 목적이 있는 삶을 살 수 있도록 방향을 잡아주는 역할을 하기도 한다.

브레인 명상은 생각과 감정의 정보를 비워내고 활기찬 생명 에너지를 충전해 높은 의식에 이르도록 하는 명상이다. 일반적인 명상과의 공통점은 자신의 내면에 집중함으로써 정신적·육체적으로 단련할 수 있다는 점이다. 차이점은 '뇌'를 인식하고 생각뇌와 감정뇌에 억압된 생명뇌의 기능을 회복함으로써 자연치유력과 면역력을 키우고 집중력과 통찰력, 창조력 등 뇌의 잠재력을 깨우며 이를 통해 의식의 확장까지 이룰 수 있다는 점이다. 이 장에서 다루는 기초 브레인 명상은 일반적인 명상법을 기본으로 하고 있다.

브레인 명상은 브레인 루틴에서 절대적으로 필요하다. 여태껏 살펴본 뇌의 메커니즘, 두뇌 유형, 브레인 타입별 루틴 등을 이해하고 적용하며 실천하기 위한 실질적인 방법이기 때문이다. 또한 브레인 루틴을 만들고 유지시키는 데 필요한 핵심 기술이다. 무엇보다 뇌건강을 회복하고 뇌의 잠재력을 키우는 가장 좋은 방법이기 때문에 앞으로 소개되는 다양한 브레인 명상법들을 하나씩 실천해보길 바란다.

단전호흡

브레인 명상법에는 여러 형태가 있지만, 어떤 방법이든지 누구나 시도할 수 있으며 특별한 기구나 장비가 필요하지 않다. 자신에게 온전히 집중할 수 있도록 외부 자극이 없는 공간이면 된다. 처음 명상을 할 때는 5~10분 정도로 시작하고 점점 시간을 늘린다. 가장 기초적인 브레인 명상에는 단전호흡과 걷기 명상이 있다.

단전호흡은 단전에 의식을 집중해서 하는 호흡 명상법이다. 단전(丹田)이란 동양의학 용어로 우리 몸의 에너지 밭을 말한다. 배꼽 아래 약 5cm 되는 지점에서 다시 안으로 5cm 정도 들어가는 위치다. 동양의학에서는 뇌를 상단전이라 하고 가슴을 중단전, 배꼽 아래를 하단전이라고 부른다. 단전호흡을 할 때는 코로 깊게 숨을 들이마시고 입으로 길게 내쉬어야 한다.

단전호흡을 하는 순서는 다음과 같다.

1. 편안하게 앉아 두 눈을 감고 배꼽 아래 5cm 지점에 두 손바닥을 갖다댄다.
2. 아랫배를 의식적으로 수축시키며 입으로 숨을 내뱉는다. 숨을 거의 다 내쉬었을 즈음 항문을 조인다.
3. 숨을 끝까지 뱉어낸 후 조였던 항문을 풀면서 아랫배에 힘을 뺀다. 풍선처럼 배를 부풀리는 동시에 코로 숨을 들이마신다.
4. 들이마시는 숨보다 내뱉는 숨을 2배 정도 길게 한다. 2번과 3번을 여러 번 반복하면서 배를 최대한 집어넣고 부풀린다.

단전에 집중해서 호흡하면 1분 정도만 해도 아랫배가 뜨거워지고 지속하면 머리에서 땀이 난다. 우리 몸은 수승화강(水昇火降) 상태일 때가 가장 이상적이다. 수승화강이란 차가운 것은 올라가고 뜨거운 것은 내려가는 것으로, 하단전인 아랫배가 따뜻하고 상단전인 뇌가 차가워진 상태를 말한다. 단전호흡을 하면 수승화강 현상이 일어나 과도한 생각이나 부정적인 감정으로 달궈진 뇌가 차가워지면서 머리가 맑고 시원해진다.

또 단전호흡은 행복 호르몬이라고 불리는 세로토닌 분비를 활발하게 해준다. 뇌에서 분비되는 세로토닌은 5%에 불과하며 90% 이상이 소장 점막에서 생성된다. 그래서 장이 안 좋은 사람은 세로토닌 부족으로 감정 상태가 안 좋고 심하면 우울증에 걸리기도 한다.

일상의 작은 행복을 잘 느끼지 못하는 것은 신경전달물질 때문이다. 뇌가 크고 자극적인 기쁨, 즉 쾌감에 민감하게 반응하기 때문이다. 쾌락을 느낄 때는 도파민이 분비되는데 도파민의 짜릿함만을 원한다면 일상의 소소한 행복을 느끼기 어렵다. 도파민과 달리, 작고 사소한 데서 오는 기쁨에는 세로토닌이 관여한다. 그래서 세로토닌을 행복 호르몬이라고 부르는 것이다.

도파민이 분비되면 의욕이 넘치고 일을 신바람나게 할 수 있다. 경쟁에서 이겼거나 복권 당첨처럼 예기치 못한 행운이 왔을 때 분출되는데 술, 담배, 게임, 마약 등을 통해 인위적으로 분비되게 할 수도 있다. 하지만 이러한 쾌감은 오래 가지 못하고 점점 더 강하고 큰 자극이 필요하다. 앞서 살펴본 스마트폰 중독과 같은 맥락이다. 따라서 쾌락보다는 평소에 자극적이지 않은 즐거움을 꾸준하게 느끼는 것이 필요하다. 특별한 일이 없어도 만족하거나 감사함과 행복감을 느낄 수 있는 것은 세로토닌 덕분이다. 언제 어디서든 쉽게 할 수 있는 단전호흡을 통해서 세로토닌 분비를 활성화하자.

걷기 명상과 맨발걷기

진정한 행복감을 위해서는 세로토닌 분비를 활발하게 해줘야 한다는 것을 살펴보았다. 세로토닌 분비를 활성화하는 또 다른 방법은 햇빛을 받으며 걷는 것이다. 가볍게 산책하듯이 걷는 것이 좋은데 이때 걷기 명상을 하면 효과는 더욱 좋다. 걷기 명상은 서너 걸음 걸을 때 호흡을 내뱉고 다시 서너 걸음 걸을 때 호흡을 마시면서 발걸음과 호흡에 집중하는 명상법이다. 따라서 걷기 명상을 할 때는 여러 명이 함께 걷는 것보다는 고요히 혼자 걷는 것이 좋다. 그래야 자신의 호흡과 걸음, 자신의 내면에 집중할 수 있기 때문이다.

걷기는 일상에서 누구나 쉽게 시작하고 꾸준히 할 수 있는 좋은 운동이다. 관절에 무리가 없다면 남녀노소를 불문하고 할 수 있다. 걷기는 치매, 당뇨, 녹내장을 예방하고 폐 기능이 향상되는 등의 효과가 있다. 특히 실외에서 걸으면 비타민 D 생성으로 우울증이 예방되고 스트레스가 해소된다. 이처럼 좋은 걷기 운동을 맨발로 한다면 어떨까?

'맨발학교'를 운영하는 권택환 교수는 저서 《자연지능》에서 맨발걷기를 하면 맨발이 흙에 닿으면서 세로토닌이 분비되어 기분이 좋아진다고 말한다. 또 뇌를 자극해 오감을 일깨워 혈액순환이 잘되고 두통, 불면증 해소, 치매 예방, 고혈압, 당뇨 등의 개선에 효과가 있다. 흙속에 있는 많은 미생물과 접촉함으로써 질병에 대한 면역력이 길러지는 것이다. 권교수 역시 맨발걷기를 하자 건강이 좋아진 것은 물론 사고가 유연해져 고정관념의 틀에서는 풀리지 않았던 문제들의 해결책이 떠오르기도 했다. 불면증과 안구건조증, 무좀이 없어지고 소화불량도 나아졌다.

나 역시 한겨울을 제외하고는 맨발걷기를 하고 있다. 가까운 동산에 올라가 흙길에서 30분 정도 걷는다. 맨발로 천천히 걸으면 한발 한발 걸을 때마다 발에 닿는 감촉과 땅의 느낌에 집중할 수 있다. 맨발걷기를 하고 돌아오면 몇 시간 동안 머리가 맑은 상태로 유지된다. 찬 바람만 불면 발이 시려서 집에서도 양말을 신었는데 맨발걷기를 한 지 한 달도 안 되어 양말이 필요 없어졌다. 게다가 시력이 많이 좋아지고 발이 아기 발처럼 뽀얗고 부드러워졌다. 무엇보다 맨발걷기를 하는 도중에는 시상이나 글감이 잘 떠오른다. 6개월 넘게 계속하고 있는데 새벽 시간 다음으로 좋아하는 나만의 시간이다.

우리는 무의식적으로 매 순간 호흡하고 걸어다닌다. 그렇기에 단전호흡과 걷기 명상은 일상에서 누구나 쉽게 시작할 수 있다. 평소에 무의식적으로 하던 것을 의식하고 관찰하면서 하면 명상이 된다. 앞으로 나올 브레인 명상이 어렵거나 부담되면 단전호흡과 걷기 명상부터 시작해보고, 주위에 흙길이 있다면 맨발걷기도 시도해보자. 매일 실천하는 루틴이 되도록 하면 된다.

누구나 쉽게 시작할 수 있는 기초적인 명상법이지만 꾸준히 하면 앞서 언급한 명상의 효과는 물론 창의력과 통찰력까지 기를 수 있다. 호흡이나 걷기로 고요히 자신의 내면을 마주하면 온갖 부정적이고 자극적인 정보에 숨어 있던 뇌의 잠재력이 깨어나게 된다.

뇌로 호흡하기와
뇌 씻어내기

뇌로 호흡하기 명상

뇌로 호흡한다는 것은 어떤 의미일까?

단전호흡을 할 때 단전에 의식을 집중하듯이 뇌에 의식을 집중하면서 호흡하는 것이 뇌호흡이다. 단전호흡은 단전에 두 손을 대고 하지만, 뇌로 호흡하기는 머리와 직접 접촉하지는 않는다. 대신 두 손을 머리 사이에 두고 서서히 호흡과 함께 움직이면서 상상으로 뇌를 느끼는 방식이다.

뇌는 상상과 현실을 구분하지 못한다. 상상은 인간이 가진 특별한 뇌의 기능이다. 새콤달콤한 귤을 먹는다고 떠올리는 순간 입 안에 침이 고인다. 연구에 따르면, 시각 장애인이 손끝으로 점자책을 읽으면 눈으로 볼 때와 같이 시각중추가 활성화되는 것으로 밝혀졌다. 손으로 점자를 만지면서 눈으로 글자를 읽는 것처럼 상상했기 때문이다. 뇌호흡을 할 때는 뇌가 커졌다 작아졌다 하면서 스스로 호흡한다고 상상하면 된다.

다음 순서에 따라 뇌로 호흡하기 명상을 따라 해보자. 조용하고 편안한 음악을 틀어놓고 하면 더 효과적이다. 처음 시작할 때는 가볍게 2~3분 정도에서 시작하고 점차 시간을 늘리면 된다.

1. 어깨와 목의 긴장을 풀고 편안하게 앉아 두 눈을 감는다. 뇌의 상태를 느껴본다.
2. 두 손을 머리 사이로 가져간다. 코로 숨을 들이마시면서 손 사이를 멀어지게 한다. 이때 뇌가 커진다고 상상한다.
3. 입으로 숨을 내쉬면서 두 손을 머리 가까이에 가져간다. 뇌 속에 있던 긴장감과 불편함, 부정적인 정보들이 빠져나간다고 상상한다.
4. 다시 코로 숨을 가득 들이마시고 두 손을 멀리한다. 뇌가 커지면서 뇌 안으로 밝고 환한 빛이 가득 들어온다고 상상한다.
5. 3번과 4번을 반복하면서 호흡한다. 뇌가 점점 환해지고 가벼워짐을 느껴본다.

뇌 씻어내기 명상

뇌 씻어내기 명상은 뇌호흡을 하고 나서 이어서 하면 좋다. 이 명상법 역시 뇌를 물에 씻어낸다고 상상하면 된다. 흐르는 물소리, 계곡 물소리 등을 들으면서 하는 것이 좋다.

다음 설명을 읽고 난 후 따라해보자.

1. 눈을 감고 편안하게 호흡하면서 상상으로 뇌를 씻어본다.

2. 먼지 한 톨도 남지 않도록 맑은 물에 깨끗하게 씻어낸다. 뇌가 점점 투명해지고 있다고 상상한다.

3. 아직 딱딱한 곳이나 새까만 부위가 느껴지는 곳에 집중하면서 길게 호흡을 내쉰다. 내쉬는 호흡과 함께 뇌가 점점 깨끗해지고 말랑말랑해진다.

4. 3분에서 5분 정도 실시한 후 편안하게 호흡하며 마무리한다. 이제 순수하고 깨끗한 갓난아이의 뇌와 같은 상태가 된다.

뇌호흡과 뇌 씻어내기 명상의 효과

뇌는 직접 만지거나 느낄 수 없기에 뇌로 호흡하기 명상을 통해 뇌를 느끼고 인식할 수 있다. 브레인 명상의 효과는 자신의 뇌를 얼마만큼 잘 느끼고 뇌에 집중할 수 있느냐에 따라 큰 차이가 난다. 뇌호흡을 하기 전에는 눈을 감고 먼저 뇌의 상태가 어떠한지, 막힌 곳이나 아픈 곳은 없는지 느껴본다. 에너지나 색깔로 표현해도 좋다. 그리고 그 부위에 집중하면서 천천히 호흡한다. 이 과정만 거쳐도 아픈 부위가 정확히 느껴지고 두통이나 스트레스가 감소한다.

뇌호흡과 뇌 씻어내기 명상을 하면, 뇌에 맑은 산소와 에너지를 공급함으로써 뇌세포가 활성화된다. 뇌신경세포가 활동할 때는 산소가 절대적으로 필요해서 신체의 어떤 부위보다도 혈액이 원활하게 공급되어야 한다. 뇌호흡은 정체되고 막혀 있던 에너지를 순환시킴으로써 혈액순환을 원활하게 한다. 이를 통해 뇌관련 질환을 예방할 뿐만 아니라 뇌를 젊고 건강하게 유지해준다. 또한 뇌 속에 있는 부정적인 생각과 감정들을 에너지와 정보 차원에서 다룰 수 있는 힘을 길러준다.

뇌로 호흡하기와 뇌 씻어내기를 할 때는 상상을 이용해 뇌를 숨 쉬게 하고 뇌에 에너지를 공급해준다. 뇌호흡을 하면서 뇌와 몸의 감각을 느끼고 깨우다 보면 평소 느끼던 것과 전혀 다른 느낌이 드는데, 이것은 에너지에 대한 감각이다. 우리 몸 주변을 흐르는 에너지를 느끼는 감각이 깨어나면 뇌를 다룰 수 있는 새로운 길이 열린다. 신경세포로 이루어진 뇌는 스스로 느끼는 감각신경이 없고 스스로 움직일 수 있는 근육도 없다. 즉 물리적으로는 뇌를 느낄 수도 움직이게 할 수도 없다. 그런데 에너지 감각을 이용하면 뇌를 숨 쉬게 할 수도 있고 운동을 시킬 수도 있다.

뇌호흡과 뇌 씻어내기를 통해 뇌에 대한 감각을 키우고 에너지 감각을 깨우쳤으면 이제 다음 장에 나오는 에너지 집중명상을 보다 쉽게 할 수 있다.

에너지
집중명상

에너지 집중명상이란

우리가 무언가를 목표로 계획을 세우고 이루기 위해 노력할 때 가장 큰 방해물은 무엇일까? 그것은 아마도 뇌 안에서 끊임없이 일어나는 잡념과 감정들일 것이다. 예를 들어 디지털 디톡스를 결심하고 스마트폰 사용을 제한하는 계획을 세웠다고 해보자.

그런데 막상 실천하려면 '중요한 연락이 오면 어쩌지?', '필요한 것은 어떻게 찾지?', '왠지 불안해'와 같은 부정적인 감정과 생각이 끊임없이 방해한다. 특히 과거에 실패한 경험이 있다면 '이번에도 난 안 될 거야'라는 의심이 든다. 뇌의 가능성을 좀 먹는다는 의미로 내가 '좀벌레'라고 칭한 이것은 지극히 자연스러운 현상이다.

우리 뇌는 부정적 편향성이 있어서 무언가를 새롭게 시도하고 도전할 때 의심, 두려움, 걱정, 불안 등이 생기는 것은 당연하다.

유난히 생각이 많고 감정 조절이 힘들다면 에너지에 집중하는 명상을 통해 생각과 감정을 조절할 수 있다. 에너지 집중명상에서는 에너지를 통해 뇌 안에서 끊임없이 일어나는 온갖 잡념과 감정을 그치게 하는 방법을 사용한다. '지감명상'이라고도 하는데, 감정을 그치게 한다는 '지감(止感)'은 생각과 감정의 동요 없이 마음을 고요하게 하는 것이다.

눈을 감고 신체 중에 가장 민감한 손에 의식을 집중하다 보면 생각이 사라지고 단전호흡과 뇌호흡을 할 때와 같이 에너지 감각을 느끼게 된다. 에너지 감각에 집중하면 뇌파가 안정되는데, 에너지 집중명상은 뇌파 조절을 통해 스스로 뇌의 상태를 변화시킬 수 있는 방법이다.

에너지 집중명상 방법

에너지 집중명상을 할 때는 조용한 공간에서 혼자 있는 것이 좋다. 시작하기 전에 몸의 긴장을 풀고 최대한 편안한 상태에서 실시한다. 목과 어깨 등을 스트레칭하고 어깨를 들썩이면서 상체를 이완시킨다.

다음 설명을 읽고 에너지 집중명상을 따라 해보자.

1. 편안하게 앉아서 허리를 곧게 펴고 천천히 호흡한다.

2. 두 손을 가슴 앞에 가져와 손가락 끝을 맞댄 후 50번 정도 부딪힌다. 손끝 부딪히기를 한 다음, 손바닥을 펴서 맞대고 빠르게 비벼준다.

3. 눈을 감고 양손을 가슴 앞에 두고 양 손바닥 사이를 마주보게 한다. 양손 사이의 거리는 10cm 내외가 적당하다.

4. 천천히 코로 숨을 들이마시며 양손 사이를 벌리고 입으로 내쉬면서 손을 모은다. 두 손이 닿지 않게 주의한다.

5. 손과 호흡에만 의식을 집중하고 양손 사이의 느낌을 점점 키워나간다. 따뜻하고 뭉클한 느낌, 간지러운 느낌, 자력과 같이 밀고 당기는 느낌 등이 느껴진다.

6. 느낌이 커지면 양손 사이의 거리를 점점 멀게 한다. 4번을 여러 번 반복한다.

7. 양손을 무릎 위에 놓고 호흡을 천천히 길게 내쉬면서 마무리한다.

에너지 집중명상의 효과

에너지 집중명상은 잡념과 불필요한 감정 소모를 줄이는 데 즉각적이고 탁월한 효과가 있다. 생각은 의지만으로 없어지지 않기 때문에 가만히 앉아서 명상을 한다고 되는 것이 아니다. 눈을 감고 가만히 앉아 있으면 온갖 생각이 끊임없이 일어난다. 생각하지 않으려고 애쓰면 계속해서 새로운 생각들이 떠오른다. 그래서 에너지를 느끼는 데 집중하는 것이다.

양손 사이의 느낌이 커지면 저절로 생각이 사라지고 점점 체험이 깊어지면 몰입 상태에 들어갈 수 있게 된다.

에너지 집중명상은 무엇보다도 뇌파를 조절할 수 있기 때문에 매우 중요하다. 대표적인 생체신호인 뇌파는 스트레스, 긴장, 집중, 이완, 수면 상태에 따라 다양하게 변화한다. 생각과 감정의 조절이 안 된다는 것은 뇌파를 자유자재로 조절할 수 없다는 뜻이다. 잡념을 멈추고 손에 의식을 집중할 때 뇌파가 떨어지고 뇌는 안정된 상태가 된다. 점점 더 깊은 체험을 하면 뇌는 이완된 집중상태가 되는데 이때가 바로 고도의 집중력을 발휘하는 몰입의 순간이다.

일상생활을 할 때 뇌파는 대개 베타파 상태지만 눈을 감으면 베타파가 더 느린 파동인 알파파로 떨어진다. 알파파는 안정과 휴식 상태의 뇌파다. 여기서 체험을 깊게 하면 더 느린 세타파로 떨어져 깊은 안정감에 도달하게 된다. 세타파가 더 떨어지면 수면 상태인 델타파가 나오게 된다. 그래서 브레인 명상을 하다 보면 졸음이 오거나 얕은 잠을 잔 것과 같은 체험을 하기도 한다. 수면과 각성 사이에 나타나는 세타파를 자주 체험하면 깊은 내부의식, 즉 잠재의식으로 들어가 집중력뿐만 아니라 문제 해결력, 통찰력, 창의력 등을 키울 수 있다. 하루에 일정한 시간을 정해놓고 매일 에너지 집중 명상을 해보자.

의식확장
명상

의식 키우기

눈앞에 상자 하나가 놓여 있다고 상상해보자. 상자와 같은 눈높이에서는 한쪽 면만 볼 수 있다. 당신은 보이는 그 면이 전부라고 생각할 것이다. 상자의 전체 모습을 알기 위해서는 멀리 떨어져 보다 높은 곳에서 바라봐야 한다.

"어떤 문제도 그 문제를 만들어낸 의식과 같은 수준의 의식으로는 해결할 수 없다."

아인슈타인의 말이다. 문제를 일으킬 때와 똑같은 의식 상태에서는 그 문제를 풀기 어렵다는 뜻이다. 따라서 현재의 문제를 해결하기 위해서는 보다 높은 의식으로 올라가야 문제의 원인과 해결책이 보인다. 상자를 제대로 알기 위해서 높은 눈높이에서 다른 시각으로 바라봐야 하는 것처럼 자신이 현재 처한 문제와 의식 사이에 공간이 필요한 것이다. 공간의 여유가 있어야 문제를 위에서 내려다보며 보다 넓은 시각으로 통찰할 수 있기 때문이다.

우리가 기존의 습관을 없애고 새로운 습관을 만들고 유지하려는 이유는 현재 내가 가지고 있는 문제를 해결하고 새롭게 변화하기 위해서다. 건강이 좋지 않거나 자신감을 키우려고 다이어트를 결심하고 취업과 승진을 위해 독서, 외국어 공부 등을 한다. 그런데 이전과 같은 의식 수준으로는 변화에 성공하기 어렵다. 많은 사람이 습관 만들기에 실패하는 큰 이유가 여기에 있다. 현재 내가 가지고 있는 문제에서 벗어나고 변화하기 위해서는 지금까지와는 완전히 다른 관점에서 문제를 진단하고 해결책을 찾아야 한다. 이를 위해서 먼저 당신의 의식 수준을 점검해볼 필요가 있다.

의식레벨 지도

눈에 보이지 않고 측정하기도 어려운 인간의 의식 세계를 과학적으로 입증한 사람이 있다. 세계적인 영적 스승이라 불리는 데이비드 호킨스 박사는 인간의 의식 수준을 수치화하여 17단계로 분류했다. 의식 수준을 그 밝기에 따라 20에서 1000럭스(LUX)까지 나타냈다. '용기' 수준인 200럭스를 기준으로 그 위는 긍정적인 의식 세계, 아래는 부정적인 의식 세계다(아래 표 참고). 가장 낮은 의식 수준에서는 생명이 경시되어 살인, 자살, 대량 살상, 인종 청소

등이 일어나는 반면, 200럭스 이상에서는 생명을 고귀하게 여긴
다. 200럭스 이하인 슬픔, 실패, 두려움, 죄책감 등은 뇌가 힘을 발
휘하지 못하는 단계다.

처음으로 힘이 나타나는 단계는 200럭스다. 200럭스보다 낮은
수준에서 세상은 희망이 없고 슬프고 겁나며 좌절을 안겨주는 곳

| 의식 지도 |

의식의 밝기(Lux)	의식 수준	자기에 대한 관점	정서	행동
700~1000	깨달음	존재하는	언어 이전	순수한 의식
600	평화	완벽한	하나	인류 공헌
540	기쁨	온전한	평온	축복
500	사랑	상냥한	존경	공존
400	이성	의미 있는	이해	통찰력
350	수용	조화로운	용서	초월
310	자발성	희망찬	낙관	친절
250	중립성	만족스러운	신뢰	해방
200	용기	실현 가능한	긍정	힘을 주는
175	자존심	까다로운	경멸	과장
150	분노	적대적인	미움	공격
125	욕망	실망스러운	갈망	집착
100	두려움	깜짝 놀라는	불안	위축
75	슬픔	비극적인	후회	낙담
50	무기력	절망적인	절망	포기
30	죄책감	사악한	비난	파괴
20	수치심	가증스러운	굴욕	제거

출처 : 데이비드 호킨스, 《현대인의 의식 지도》, 판미동, 2016

처럼 보이지만, 용기 수준에서의 삶은 흥분을 불러일으키는 것이자 도전적이고 자극적인 것으로 보인다. 이 단계에서는 성장과 교육이 달성 가능한 목표가 되며 두려움이나 불안에도 불구하고 성장할 수 있는 능력이 있다. 이 단계의 사람들은 자신이 받은 만큼의 에너지를 세상에 돌려준다. 성취는 긍정적인 피드백을 가져오고 자기 보상과 자존감이 점점 강화되어 생산성이 시작되는 단계이기도 하다.

삶의 변화를 위한 의식 수준

삶의 변화를 위한 습관을 만들기 위해서는 최소한 200럭스 이상의 의식 수준을 유지해야 한다. 200럭스 이상의 긍정적인 의식 세계에서는 모든 가능성이 열려 있다. 200럭스 이하에 있는 사람들은 행복의 근원이나 자신의 문제를 밖에서 찾는다.

하지만 그 이상의 중립성, 자발성, 수용, 이성, 사랑의 단계에서는 세상을 살아가는 자신감 넘치는 능력이 있고 일을 잘하며 모든 노력에 성공하는 것이 일반적이다. 또 이 단계의 사람들은 성장이 빠르고 자존감이 높으며, 사회의 건설자이자 기여자들이다.

이들은 행복의 근원이 자기 안에 있다는 것을 알고 자신의 힘을 되찾아 도약하기도 한다. 사랑은 다른 사람한테 받거나 빼앗기는 것이 아니라 내면에서 창조되는 것이기 때문에 감정적으로 평온

하고 장기 목표를 단기 목표보다 우선시하며 자기 관리도 잘한다.

사람은 의식 수준이 한 단계에 머무르지 않고 하루에도 여러 단계의 의식을 경험한다. 그중에서 주로 머무는 의식이 그 사람의 평균 의식 수준인데, 대부분은 평생 평균 의식을 5럭스 이상 올리기 어렵다고 한다. 의식 지도상에서 한 단계 위로도 올라가기가 힘들다면 인간은 그만큼 관념에서 벗어나기 힘들다는 의미일 것이다.

그럼에도 불구하고 의식레벨 지도를 언급하는 이유는 누구든지 큰 도약을 이룰 수 있기 때문이다. 명확한 동기를 가지고 커다란 의지로 실천할 때 잠재력이 깨어나고 삶을 바꿀 만한 진보가 일어나게 된다. 우리가 살면서 하는 노력은 결국 의식 수준을 올려야만 빛을 발하게 된다.

당신이 지금껏 변화하지 못했다면 200럭스 이하의 부정적인 의식 세계에 머물렀을 확률이 높다. 의식 레벨이 높아지면 습관 만들기가 아주 쉬워진다. 높아진 의식이 관찰자가 되어 예전의 내 모습과 변화되는 과정, 미래의 내 모습까지 바라볼 수 있게 된다. 당장 눈앞의 결과에 연연하지 않고 멀리 보고 크게 생각할 수 있다.

따라서 원하는 습관을 만들어 변화된 삶을 살고 싶다면 의식 수준을 높이기 위한 노력을 해야 한다. 윗물이 맑아야 아랫물이 맑아지는 법이다. 나의 모든 생각과 행동을 일으키는 의식 수준이 높아지면 나머지는 저절로 따라가게 마련이다.

의식확장 명상 시작하기

의식 수준을 높이기 위해서는 나보다 뛰어난 위인이나 성공한 사람들의 책을 읽고 그들의 말을 귀담아들으면 좋다. 하지만 아무리 많은 책을 읽고 교육을 받아도 실천하지 않으면 변화는 일어나지 않는다. 브레인 명상에서는 내면에 집중하고 의식을 확장하는 명상을 통해 의식 수준을 높일 수 있다.

의식확장 명상은 의식을 자신의 몸에서 집, 동네, 도시, 나라, 대륙, 지구 밖 우주의 순서로 점점 넓혀가는 방식이다. 높은 곳에서 내려다보듯이 자신, 현재 처한 현실, 문제점 등을 먼 곳에서 내려다볼 수 있다. 실제로 우주에 다녀온 우주 비행사들은 깊고 심오한 체험을 하는 경우가 많다고 한다. 인간의 몸, 국경, 종교 등의 한계에서 벗어나 무한한 우주라는 공간에서 절대적인 고독을 맞이하게 되고 삶의 깨달음을 얻는 것이다.

다음 설명을 잘 읽고 순서대로 따라 해보자. 높은 곳에서 내려다보는 것이 안 되면 비행기를 타고 아래를 내려다본다고 상상해보자.

1. 양손을 무릎 위에 올리고 편안하게 호흡한다.
2. 나의 몸 전체를 느껴본다. 몸과 그 주변을 흐르는 에너지가 느껴진다. 이제 내가 앉아 있는 공간이나 방을 느껴본다. 그다음으로 집 전체를 느껴본다.
3. 의식을 좀 더 확장해서 상공 10m 위에서 집을 내려다본다. 점점 높이 올라가서 내가 살고 있는 동네 전체를 내려다본다.

4. 다음으로 내가 살고 있는 도시가 보이고 점점 더 멀어져서 우리나라 전체가 한눈에 보인다.

5. 이제 이웃 나라들이 보이고 더 높이 올라가면 지구가 한눈에 들어온다. 지구 밖에서 아름답게 반짝이는 지구를 감상하고 수많은 별이 반짝이는 우주를 자유롭게 여행해본다.

6. 천천히 의식을 내 몸으로 가져온다.

나는 복잡한 고민이 있거나 풀리지 않는 일이 생길 때마다 의식확장 명상을 한다. 3분에서 5분 정도의 짧은 시간에 머리를 복잡하게 했던 온갖 잡념과 무거운 감정들이 사라진다. 넓고 고요하고 평화로운 우주 에너지를 잠시나마 느끼면 내가 처한 문제와 고민들이 한없이 작고 사소하게 느껴지고 명쾌한 해답이 보인다. 특히 전날 밤에 안 써졌던 글이나 잘 안 풀렸던 일이 다음 날 새벽에 의식확장 명상을 하면 말끔하게 정리된다. 이것이 바로 의식이 확장된 결과다.

의식과 무의식의 세계

사람들 대부분은 자신의 내면에 대해 무관심하게 살아간다. 내 생각과 말, 행동에 대해 깊이 파악하거나 의식과 무의식의 세계를 탐험하지 않는다. 무의식이 만들어낸 습관 속에서 원래 살았던 방식과 습관대로 변화를 두려워하며 감각과 감정에 이끌린 채 살아간다.

《코스모스》의 저자 칼 세이건은 인간의 두뇌도서관 규모가 유전자 도서관의 수만 배나 된다고 했다. 두뇌도서관은 무의식의 세계를 말한다. 타고난 DNA는 유한한 몸속 공간에서 생각과 행동을 지배하지만, 두뇌도서관이라는 무의식의 세계는 무한한 세계다. 범위가 없기에 그 크기가 유전자 세계의 수만 배나 된다는 것이다.

결국 우리는 두뇌도서관이라는 무한하고 거대한 무의식의 세계에 잠들어 있는 능력들을 깨워야 한다. 무의식은 의지 없이도 자동으로 행해지지만, 의식은 반드시 나의 의지가 필요하다. 나의 의식으로 무의식의 세계를 탐험해야 한다. 아인슈타인은 "우주에는 인간의 상상을 초월하는 거대한 마음이 있다"라고 했다.

그가 말한 우주, 거대한 마음이 곧 우리의 무의식이다. 의식을 우주 밖으로 확장하는 명상을 통해 무한하며 끝이 없는 무의식을 깨우면 우리가 가진 문제는 대부분 말끔하게 해결된다. 복잡했던 뇌 속이 정리되면 부정적인 정보에 에너지를 빼앗기지 않기 때문에 실천할 수 있는 힘도 커진다. 그토록 어렵고 힘들기만 했던 습관 만들고 유지하기가 식은 죽 먹기처럼 편안해진다.

원하는 것을 이루는
두뇌 유형별 집중명상

지금껏 살펴본 브레인 명상법은 두뇌 유형에 상관없이 실시해도 좋은 것들이다. 이제부터는 두뇌 유형별로 원하는 것을 이루는 집중명상을 살펴보기로 하자. 에너지 집중명상이나 의식확장 명상을 하고 난 후에 마무리로 '원하는 것을 이루는 집중명상'을 하면 좋다. 특정한 하나의 대상에 집중하는 명상은 초보자들이 부담 없이 할 수 있는 방법으로, 자신의 목표에 집중할 수 있기 때문에 효과적이다. 이때 두뇌 유형별로 더 민감한 정보 자극을 주는 것이 좋다.

좌뇌형의 소리 집중명상

이성좌뇌형은 청각 정보에 민감하므로 소리 집중명상을 하는 것이 좋다. 소리 집중명상은 말 그대로 소리에 집중해서 하는 명상법이다. 듣고 싶은 소리를 틀어놓은 후 눈을 감고 그 소리에 집중하면 된다. 물소리, 새소리, 피아노 연주, 북소리 등 여러 가지 소리가 있는데, 일정한 규칙으로 반복되는 소리로 마음을 편안하게 해주는 것이 좋다. 그 소리에 집중하면서 자신이 원하는 것을 떠올려본다. 이때는 들리는 소리뿐만 아니라 자신의 목소리도 효과적이다. 특히 구체적인 숫자를 이용해 계획과 목표를 세웠으면 명상할 때 이를 큰소리로 읽어서 자기 암시나 자기 선언을 하면 좋다.

감성좌뇌형은 이성좌뇌형과 마찬가지로 이미지보다는 소리에 민감하다. 그래서 소리 집중명상이 효과적인데 특히 특정 낱말에 집중한 명상이 가장 효과적이다. 자기 선언문을 낱말이나 짧은 문장으로 작성한 후 낭독을 통해 이루고자 하는 목표를 새겨넣는 것이 좋다. 한 참가자의 예를 들어 명상할 때마다 '3kg 감량'이라는 말에 집중해서 지속적으로 소리 내어 말하고 평상시에도 속으로 떠올리며 되뇌었다. 그 결과 한 달 만에 3.5kg 정도의 체중을 감량했다.

우뇌형의 이미지 집중명상

자유분방한 이성우뇌형은 시각적 자료에 민감하므로 루틴을 만들 때 비전보드나 Hope Tree 등을 이용해 자신이 원하는 모습이나 목표 등을 그림 및 사진으로 붙여놓고 매일 바라보며 동기부여를 해야 한다. 이 유형은 명상을 할 때도 이미지에 집중한 명상을 하는 것이 좋다. 이미 만들어놓은 비전보드를 떠올리는 것도 좋은 방법이다. 이들에게는 자신이 원하는 바를 이룬 모습을 컬러 사진이나 그림처럼 구체적인 이미지로 떠올려 입력하는 것이 가장 좋은 브레인 명상 방법이다.

감성우뇌형은 움직이는 이미지 정보에 더 민감하기 때문에 자신에게 가장 기억에 남는 순간을 떠올리며 하는 순간 집중명상이 효과적이다. 자신이 가장 행복했던 순간이나 돌아가고 싶은 순간을 영화의 한 장면처럼 떠올리고 그 순간에 집중하면 된다. 그런 순간이 쉽게 떠오르지 않으면 상상으로 만들어내거나 이미 봤던 영화나 드라마, 영상을 떠올려도 좋다. 자신의 목표와 부합되는 영상을 평소에 수시로 보는 것도 좋은 방법이다.

프로젝트 참가자들은 매일 브레인 명상을 했다. 자신의 두뇌 유형을 아는 것에서 그치지 않고 유형별로 뇌를 잘 활용하기 위해서는 반드시 브레인 명상을 해서 잠재력을 키워야 하기 때문이다.

처음에는 생소하고 어렵게 느끼던 참가자들도 브레인 명상을 통해 감정을 조절하고 슬럼프를 극복하고 있고, 몇 시간을 힘들이지 않고 집중하는 몰입의 순간을 경험하고 있다. 무엇보다 자신의 뇌를 믿는 힘과 자신감이 커져 크고 작은 변화와 성공을 이루어내고 있다. 여러분도 각자 두뇌 유형에 맞는 명상법으로 더 깊은 체험을 하기 바란다. 골고루 다 해보고 자신에게 가장 맞는 방법을 찾는 것도 좋다.

성공과 행복을 원한다면
일상을 바꾸자

일 년 전의 나 vs 지금의 나

일 년 전에 나는 새벽 2시쯤 잠들어 아침 10~11시까지 늦잠을
자곤 했다. 방학 기간이라 두 아들보다 늦게 일어나는 일이 비일비
재했지만 아이들이 잠들고 나서야 진정한 자유를 맛볼 수 있기에
육퇴의 행복을 포기할 수 없었다. 그런데 지금 돌이켜보니 그 순간
들은 전혀 만족스럽지도 행복하지도 않았다. 하루 중 대부분을 아
이의 재활치료와 육아로 보냈고 가끔 다녀오는 강의와 교육은 지
친 삶에 큰 위로가 되지 못했다. 그래서 그토록 늦은 밤까지 자유
시간을 갖고 싶었나 보다. 늦게까지 TV나 영화를 보고 맛있는 안
주에 술 한잔을 하는 게으르고 편한 생활을 오래도록 이어갔지만,
아침에 남는 것은 피곤함과 패배감뿐이었고 심한 날에는 죄책감
마저 들었다.

하지만 당시의 힘든 현실에서 나름대로 최선을 다하고 있다고 합리화를 하며 그냥 그렇게 살아갔다. 그랬던 내가, 지금은 매일 새벽 4시에 일어나 책을 읽고 글을 쓰며 1분 1초를 알차게 보내고 있다. 그리고 온라인을 통해 매달 수십 명의 사람에게 습관 코칭과 시간 관리와 자기 관리 비법을 전수하며 멘토로 활약하고 있다.

그 외에도 새벽 기상과 블로그 글쓰기로 전자책 만들기, 브레인 명상을 접목한 독서와 공부법, 홈트레이닝으로 바디 프로필을 찍는 프로그램 등을 운영하고 있다. 나는 지금 자신의 가능성을 의심하고 성공을 두려워했던 많은 사람이 뇌를 잘 경영하여 행복한 인생을 살 수 있도록 도와주는 메신저로서의 역할과 사명을 다하며 행복하게 살고 있다.

가능성과 잠재력 키우기

대다수 사람은 자신의 잠재력과 가능성을 과소평가한다. 특히 완벽주의 성향이 강할수록 자신에 대한 평가에 인색하다. 아이들이 칭찬받고 인정받으면 잘 성장하듯이 우리 뇌 역시 주인으로부터 격려와 인정을 받으면 놀라울 정도로 성장해간다.

자신이 하는 일이 부족하고 마음에 안 들더라도 '충분히 잘하고 있어'라거나 '점점 좋아질 거야'라고 지속적으로 스스로 동기부여를 한다면 뇌는 그에 상응한 보답을 한다.

아무리 긍정적인 마인드를 가지고 자신이 좋아하고 잘하는 것을 찾았다 할지라도 생각만 하고 실천하지 않으면 아무런 변화도 일어나지 않는다. 또한 약간의 시간과 노력을 들이고 큰 성과를 원한다면 당장 집어치우라고 말하고 싶다. 습관적인 패배자들은 자신이 그럴 수밖에 없다는 변명을 하고 성급함과 욕심도 내보인다.

조금 노력해보고 안 되니까 '역시 난 안 돼'라고 자책하거나 '이대로만 하면 된다더니 순전히 거짓말이야'라며 남 탓을 한다. 나 역시 그동안 내가 처한 현실에서 그렇게밖에 살 수 없었다고 변명하면서 될 때까지 포기하지 않고 해본 경우는 많지 않았다. 장애아를 키우며 견디기 힘든 현실에서 성공 경험은 점차 줄어들고 나의 무한한 가능성과 잠재력을 스스로 깎아내리며 하루하루를 무의미하게 살아갔을 뿐이다. 그랬던 내가 브레인 루틴을 통해 잠재력을 증명해 보이며 완전히 다른 삶을 살고 있다.

누구나 성공할 수 있다

평범한 사람들은 성공의 의미를 거창하게 여기는 경향이 있다. 나 역시 성공은 어마어마하게 크고 어려운 것이며 웬만해서는 도달하기 힘든 영역이라 생각했다. 그리고 성공한 사람들은 특별하다고 여겼다. 나와는 다른 사람, 다른 세상에 사는 사람이라는 생각에 그들처럼 되기 위해서는 특별한 노력과 엄청난 투자 및 시간이 걸릴 거라고 생각했다. 하지만 크게 성공한 사람들의 자서전이나 일화를 보라.

그들도 성공하기 전까지는 나와 당신처럼 힘든 일을 겪었고 역경 속에서도 될 때까지 이뤄냈다는 공통점이 있다. 크고 작은 성공을 거둔 지금에 와서 보니 성공과 실패의 차이는 될 때까지 포기하지 않고 했느냐에 있다는 것을 뼈저리게 실감하고 있다.

당신도 성공하고 싶다면, 나의 가치를 세상에 알리고 인정받고 싶다면 지금 당장 이루어내는 삶과 성공하는 삶을 선택하면 된다. 처음 시작은 부디 작게 하길 바란다. 뇌를 잘 활용하여 작은 성공을 이루는 경험들이 쌓이면 자신감이 생기고 점점 큰 성공을 할 수 있게 된다. 가장 쉬운 방법은 우선 나의 일상부터 성공한 사람들의 생활습관으로 바꾸는 것이다. 이때 주의할 점이 있다.

욕심과 열정으로 과하게 이것저것 따라 했다가는 실패 경험만 쌓일 수도 있으므로 하나씩 따라 해보자. 무엇을 어떻게 시작해야 할지 구체적인 방법을 모른다면 이 책을 참고하여 핵심 습관부터 만들어나가자. 자신의 두뇌 유형을 앎으로써 나를 더 잘 이해하고 나한테 맞는 방법으로 적용해서 실천하면 된다.

뇌를 믿고 작은 성공습관부터 경험하자

나는 매달 두뇌 유형별 전략으로 습관을 만드는 프로젝트를 하고 있다. 100% 온라인이라 처음에는 '과연 잘될까?'라는 의심이 들었다. 당시 나는 온라인 세상에서 어린이나 다름없었다. SNS 팔로워 수나 블로그 이웃 수도 매우 적어서, 홍보를 한다고 해도 모집이 되지 않을 것 같았다. '괜히 시작했다가 힘들어지진 않을까?'라는 두려움과 걱정까지 생겼다. 뇌를 잘 사용하고 사람들에게 뇌 경영 방법을 알려주는 나조차도 무언가를 시작할 때는 이렇다. 뇌의 좀벌레인 의심과 두려움이 여지없이 생기는 것이다.

하지만 '단 다섯 명이라도 시도해보자'라는 마음으로 온라인으로 프로젝트 모집을 시작했고 65명이 모집되었다. 와, 그때의 희열이란! 만약 내가 좀벌레를 이기지 못하고 시도하지 못했다면 지금의 똑녀똑남 프로젝트는 존재하지 않을 것이다. 프로젝트로 인해 삶이 변화한 많은 사람들의 성장도 없었을 것이고 감사 인사를 받지도 못했을 것이다. 그 뒤에 시작한 다른 온라인 프로그램들도 존재하지 않을 것이다.

나 역시도 지극히 평범했기에 누구나 이렇게 할 수 있다는 것을 이야기하려고 한다. 다만 자신감이나 실행력은 마음을 먹는다고 해서 바로 생기지 않는다. 우선 내가 어떤 두뇌 유형인지를 알고 자신에 강점과 약점을 제대로 파악할 수 있어야 한다. 강점은 살리고 약점을 보완하는 전략을 사용한다면 같은 노력을 하더라도 더 좋은 성과를 낼 수 있다. 또한 자신의 뇌를 믿고 뇌에 숨어 있는 무한한 잠재력을 키울 수만 한다면 누구나 성공할 수 있고 행복한 인생을 살 수 있다. 너무 멀리 보거나 크게 생각할 필요는 없다.

누구에게나 시작은 어렵고 보잘것없었다는 것을 기억하자. 딱 한 달 뒤, 일 년 뒤에 변해 있을 내 모습을 목표로 하자. 작은 성공 경험을 하나씩 이뤄가다 보면 점차 자신의 뇌를 믿는 자기 확신이 커진다. 자기 확신이 강한 사람은 어떤 일에서든 삶의 주인공으로 살게 된다.

성공과 행복은 뇌 안에 있다

나는 '내가 안 해서 그렇지 무엇이든지 마음먹고 하면 잘할 수 있어'라는 자기 확신이 있다. 나에게는 선택한 것에 집중하는 힘이 있다. 답을 밖에서 찾지 않고 나의 뇌에서 찾는 습관이 있기에 가능한 것이다. 하지만 브레인 루틴을 하기 전에 나의 자신감이나 성취감, 행복은 흉내를 낸 것과 같았다. 마음속 깊은 곳에서 이건 진짜가 아니라는, 왠지 불편한 느낌이 자리하고 있었다.

겉으로 보기에는 누구나 인정할 만큼 열심히 잘 살고 있었지만 나 자신이 초라하고 하찮게 느껴졌다. 당시 내가 가진 긍정과 자신감은 보기 좋게 포장된 것과 다름이 없었다.

이제는 꼭 무엇을 하지 않아도 행복하고 특별한 누군가가 되지 않아도 나를 사랑한다고 자신 있게 말할 수 있다. 브레인 루틴을 통해 이룬 일상에서의 작은 성취감은 내게 무엇보다 큰 성공이며 행복이다. 매일 하는 브레인 명상으로 통찰력과 창의적인 아이디어를 얻고 그 무엇도 나를 막을 수 없을 만큼 강한 의지와 반드시 해내고 마는 끈기도 생겨났다.

이는 다른 프로젝트 참가자들도 마찬가지다. 습관을 만들려고 했다가 자신을 사랑하고 믿는 것이 진정한 행복임을 깨우쳤다는 후기가 수두룩하다. 또 그동안 작심삼일만 일삼고 매번 실패만 했던 사람들이 나도 할 수 있다는 자신감을 얻고 작은 성취에도 스스로 칭찬하고 격려하는 등 크게 변화하고 있다.

이제는 당신의 차례다. 부디 당신의 뇌가 큰 부담과 저항감을 느끼지 않도록 작은 것부터 자연스럽게 시작하길 바란다. 그리고 하나씩 이루어내기를 바란다. 그 과정에서 슬럼프에도 빠지고 포기하고 싶을 때도 종종 있을 것이다. 그럼에도 불구하고 그냥 해나가면 어느새 엄청난 힘을 가지게 될 것이다.

끝으로 이 책을 쓰는 동안 도움을 준 분들에게 마음을 전하려고 한다. 든든한 조력자이자 첫 번째 독자인 남편 사재철, 존재 자체로 감사한 두 아들 사우진과 사윤성, 그리고 나를 믿고 와준 똑

녀뚝남들, 함께 성장해가는 기쁨과 온라인 세상에서의 찐소통을
경험하게 해준 분들에게 특별한 감사의 말씀을 전하며 긴 글을 마
친다.

'체인지U 스쿨' 온라인 프로그램

두뇌 유형별 습관 만들기 '똑녀똑남 프로젝트'

모집	– 매월 둘째 주 월요일
모집 인원	– 선착순 20명
진행 방식	– 4주간 자신이 원하는 습관 만들기 – 오리엔테이션 강의 및 주 1~2회 습관 주제별 강의, 줌(Zoom)에서 진행 (다이어트/운동, 새벽 기상, 독서/글쓰기, 정리정돈, 부자 되기, 브레인 명상 등) – 매일 온라인 카페와 채팅방을 통해 시트지 인증 및 피드백 – 25일 이상 인증 시 일대일 전화 코칭

블로그로 전자책 쓰기

모집	– 2~3주 간격
모집 인원	– 기수별 20명
진행 방식	– 전자책 쓰는 법 강의, 줌(Zoom)으로 진행 – 2주간 강의 영상 제공 – 매일 블로그에 같은 주제로 글을 쓰고 그 글을 엮어서 전자책 만들기 – 2주 이내 전자책 완성 시 20% 페이백

새벽 명상과 독서 모임 '뇌 안에 잠든 거인 깨우기'

모집	– 3주 간격
모집 인원	– 기수별 10명
진행 방식	– 3주 동안 토요일 6시, 줌(Zoom)에서 미팅 진행 – 브레인 명상 실시 – 각자 일주일간 읽은 책의 인상 깊은 구절, 적용 사례 나누기 – 책 읽고 나서 한 구절이나 원하는 페이지에 관한 글쓰기 (선택 사항_ 피드백 실시)

체인지U 스쿨 특강

매월 둘째 주 목요일 무료 공개 특강	– 감정조절법, 대화법, 두뇌 유형, 성격유형, 부모 코칭, 독서법과 글쓰기 방법 등 줌(Zoom)으로 진행
매월 넷째 주 목요일 만원의 행복 특강	– 브레인 명상 방법, 다이어트 비법, 효율적인 시간 관리 방법, 온라인 게임 중독 예방법, 디지털 디톡스하는 방법, 행복 호르몬 세로토닌 활성법 등 줌(Zoom)으로 진행
저자 포함 외부 강사 초빙	– 정리정돈 방법, 앱테크 비법, 게임중독 예방법, 감성적인 글쓰기 방법, 그림책 심리 코칭 등 줌(Zoom)으로 진행

예정된 프로그램

홈트레이닝으로 바디프로필 찍기	– 4주간 진행 – 매일 제공되는 홈트레이닝 영상으로 운동하고 인증하기 – 식이 요법 병행하고 인증하기 – 아주 쉬운 다이어트 노하우 전수
뇌통합 독서법 〈BR 리딩〉	– 3주간 진행 – 우뇌로 책 보기 – 좌뇌, 우뇌 통합하기
일류작가 멤버십	– 매일 글쓰기 습관을 통해 전자책과 종이책 쓰기 – 일대일 지도 – 1년 멤버십, 평생 멤버십
일류강사 멤버십	– 강사가 되기 위한 마인드, 스킬 훈련 – 일대일 지도 – 온·오프라인 강의 기회 제공 – 1년 멤버십, 평생 멤버십

문의 : 카카오톡 오픈채팅방 체인지U 스쿨, blog.naver.com/frigia0

책 구매 후 카카오톡으로 인증샷을 보내주시면
만원의 행복 특강 무료 참여권을 전원 증정해드립니다.

만원의 행복
특강 무료 참여권

(중복 사용 불가)

2021.12.31 까지

* 만원의 행복 특강이란?
브레인 명상 방법, 다이어트 비법, 효율적인 시간 관리 방법. 온라인 게임 중독 예방법.
디지털 디톡스하는 방법, 행복 호르몬 세로토닌 활성법 등 행복해지는 나만의 방법을 찾도록
도와주고 설명해주는 특강

체인지U 스쿨
오픈채팅방 QR코드

VALUE

이 책을 구매해주신 모든 독자분께
체인지U 스쿨에서 진행하는 '만원의 행복 특강' 무료 참여권을 드립니다.
특강은 매월 넷째 주 목요일마다 진행되며 책 1권당 1회 사용하실 수 있습니다.
자세한 사항은 카카오톡 오픈 채팅방을 통해 문의해주세요.

이기는 전략을
세워줄 新생존법

인생이 달라지는 新생존법

이광민 지음 | 14,000원

불확실한 미래, 어떤 준비를 해야할까?
현시대에서 생존하기 위해 꼭 필요한 新생존법

빠르게 변해가는 현재에 맞춰 불확실한 미래 또한 성큼성큼 다가오고 있다. 이러한 시대에서 살아남기 위해 가장 필요한 힘은 무엇일까? 어떤 준비를 해야 나만의 경쟁력을 가질 수 있을까? 여기 지방대 출신임에도 100대 1의 경쟁력을 뚫고 청와대 비서실에 합격하고, 전국 마케팅 배틀 3위를 달성하고, 남들이 선망하는 대기업까지 취업한 한 사람이 있다. 《인생이 달라지는 新생존법》에는 단순히 많은 자기계발서에서 다뤄온 긍정하기, 목표 정하기, 실천하기 등의 내용이 아닌 저자 본인이 직접 계획하고 도전해서 성과를 낸 경험을 바탕으로 이 시대에서 살아남는 현실적인 방안이 세세하게 담겨 있다.

행동력 하나로
성공하는 방법

운명을 바꾸는 행동의 힘

유선국 지음 | 14,000원

여전히 생각 속에서만 살고 있으신가요?
지금 당신의 마음속에 잠재된 거인을 깨워드립니다!

'돈 많이 벌고 싶다', '잘살고 싶다', '즐기면서 살고 싶다', 'SNS 사진 속 사람들처럼 여유로워지고 싶다'. 일상을 살아가면서 한 번쯤 해봤을 생각들이다. 하지만 이런 생각이 들 때면 뭔가 설렘보다는 두려움이 먼저 앞선다. 왜일까? 요즘처럼 살아남기 힘든 세상이 없다고 느끼는 우리에게 가장 필요한 건 이 무모해 보일지도 모를 행동의 힘이다. 나를 가장 단단하게 만들어줄 행동의 힘, 그 힘이야말로 꿈은 물론 현실에 맞설 힘과 원하는 만큼의 돈을 가져다줄 것이다. 지금 당장 당신의 바뀔 운명을 위해 행동하라!